◎教育部人文社科研究项目（高校思想政治工作专项）（13JDSZ101
◎山东省社会科学规划研究项目（11CZZJ01）阶段性研究成果
◎教育部思想政治教育中青年杰出人才支持计划阶段性研究成果
◎山东省高校人文社科计划项目（J14WH01）的阶段性研究成果

U0616279

人的全面发展理论与高校思想政治教育创新发展研究

RENDE QUANMIAN FAZHAN LILUN YU GAOXIAO SIXIANG
ZHENGZHI JIAOYU CHUANGXIN FAZHAN YANJIU

袁俊平 卜建华 胡玉宁◎著

西南交通大学出版社

·成都·

图书在版编目（ＣＩＰ）数据

人的全面发展理论与高校思想政治教育创新发展研究 /
袁俊平，卜建华，胡玉宁著. —成都：西南交通大学出
版社，2017.3

ISBN 978-7-5643-5257-8

Ⅰ . ①人… Ⅱ . ①袁… ②卜… ③胡… Ⅲ .①大学生
－全面发展（教育）－研究－中国②大学生－思想政治教育
－研究－中国 Ⅳ . ①G64

中国版本图书馆 CIP 数据核字（2017）第 020129 号

人的全面发展理论与高校思想政治教育创新发展研究

袁俊平　卜建华　胡玉宁　著

责 任 编 辑	罗小红	
助 理 编 辑	郑丽娟	
封 面 设 计	严春艳	
出 版 发 行	西南交通大学出版社 （四川省成都市二环路北一段 111 号 西南交通大学创新大厦 21 楼）	
发行部电话	028-87600564　028-87600533	
邮 政 编 码	610031	
网 址	http://www.xnjdcbs.com	
印 刷	成都蓉军广告印务有限责任公司	
成 品 尺 寸	170 mm×230 mm	
印 张	9.25	
字 数	220 千	
版 次	2017 年 3 月第 1 版	
印 次	2017 年 3 月第 1 次	
书 号	ISBN 978-7-5643-5257-8	
定 价	54.00 元	

◎ 目 录

第一章　马克思人的全面发展理论的形成及发展 / 001

一、马克思人的全面发展思想的初步形成 / 001

二、马克思关于人的全面发展思想的形成过程 / 006

三、马克思人的全面发展理论的内涵 / 012

四、马克思关于实现人的全面发展的条件和途径 / 021

第二章　马克思人的全面发展理论在中国的发展及其当代价值 / 029

一、中国共产党人对人的全面发展理论的探索 / 029

二、党的十八大以来关于人的全面发展理论的探索 / 039

三、马克思关于人的全面发展理论的当代价值 / 044

第三章　马克思的需要理论与实现人的全面发展 / 049

一、唯物史观关于需要在社会发展中的地位和作用的认识 / 049

二、辩证地分析人类需要的本质性特征 / 055

三、马克思需要理论的当代价值 / 060

四、马克思需要理论是实现人的全面发展的动力基础 / 064

第四章　以人的全面发展理论为指导加强高校思想政治教育创新 / 071

　　一、人的全面发展理论与高校思想政治教育的辩证关系 / 071

　　二、按照人的全面发展理论的要求审视传统的高校思想政治教育
　　　　存在的问题 / 079

　　三、以人的全面发展理论为指导加强高校思想政治教育创新原则和
　　　　途径 / 082

第五章　人的全面发展理论对大学生思想政治教育的重要意义 / 093

　　一、人的全面发展理论是高校思想政治教育的理论源泉 / 093

　　二、人的全面发展理论在大学生思想政治教育中的地位 / 100

　　三、人的全面发展理论对大学生思想政治教育的指导 / 102

　　四、人的全面发展理论对大学生思想政治教育的目标指导 / 105

　　五、创新大学生思想政治教育的对策 / 109

第六章　"人的全面发展理论"视域下的高校思想政治教育
　　　　体系构建 / 116

　　一、以人为本的大学生思想政治教育在现实中的缺失 / 116

　　二、实现大学生全面发展的高校思想政治教育体系构建 / 122

第一章
马克思人的全面发展理论的形成及发展

　　根据人类社会发展的基本规律，马克思把实现人的全面发展与社会发展全面结合起来，并把最终实现人的全面自由的发展作为人类社会发展的最终目标。"一切人的全面而自由的发展"是马克思主义所追求的最高历史使命，人的自由与解放是马克思主义的终极目标与根本价值追求。未来人类社会发展的最高阶段——共产主义社会，根据马克思和恩格斯的阐述与解释，就是"自由人的联合体"，是"以每个人的全面而自由的发展为基本原则的社会形式"。实现人的全面发展是科学社会主义理论的基本出发点和归宿，也是社会主义的本质属性。马克思不仅丰富和发展了人的全面发展理论的科学内涵，还把实现人的全面发展与社会发展进步全面结合起来，并认为人的全面发展过程是一个与社会发展相统一的历史过程。

一、马克思人的全面发展思想的初步形成

　　历史上对人的全面发展问题的考察，经历了一个不断发展扬弃、螺旋上升的历史过程，直至马克思主义诞生以后，人的全面发展问题才得到真正转变。总体来看，人的全面发展理论主要经历了文艺复兴、启蒙运动和空想社会主义三个不同的历史时期。

1. 古希腊时期人的全面发展理论

　　作为欧洲文化发源地的古希腊，在当时，他们向往和追捧的是"完

美的人"和"和谐发展的人"。所谓完美的人，就是集真、善、美于一身；而和谐的人则是指德、智、体、美等多方面融合的化身。雅典作为古希腊文明的代表，不仅重视人的各方面发展和各方面教育的完美结合，而且较早地提出了"和谐发展的人"的概念，认为人是他们所创造的最伟大的艺术品。雅典人第一个理解并表达了"整个人的发展和人的整体完美"的理想。而教育和锻炼这两种方式，则被认为是塑造完美和谐的人的必经之路。教育的理想是培养新一代，使其力量得到全面发展，在社会上发挥作用；而锻炼的理想是锻炼人的身体，使每个人都有健康的体魄，从而实现身与心的协调发展。

总的来说，古希腊关于人的思想开启了人的全面发展的理论先河，他们所创造的宏伟的精神文化宝藏以及所提出的和谐发展的理念，虽然对人类历史具有重大意义，但由于时代条件的局限，还停留在朴素的阶段，所以只是一种空想。

2. 文艺复兴时期人的全面发展理论

文艺复兴时期的人文主义者，作为新兴市民阶层的利益代言人，首先把斗争锋芒指向代表封建特权的天主教会和中世纪基督教思想。14 世纪中叶到 17 世纪是欧洲的文艺复兴时期，在此期间，人文主义者突出地宣扬了人的价值和尊严，提倡人的个性的自由和解放，使人们一直以来向神的目光转向实实在在的人。此时期最具代表意义的是法国作家拉伯雷的《巨人传》，在这本书中我们可以充分地看到文艺复兴时期的人文主义精神：首先，拉伯雷在书中指出了教育的宗旨，即培养全知全能的人，从而使人在肉体和精神上得到和谐；其次，指出了要想塑造全知全能的人的关键步骤，即合理地肯定对物质的欲求，因为物质欲求是人们进行一切活动的前提；最后，指出了对知识渴求的重要性，以及身心的和谐发展思想。他认为人应该朝着体力和智力高度发展的方向努力，而不应该仅仅停留在吃喝这种低层次需求上。拉伯雷的这种"随心所欲、各行其是"的思想，充分地反映了人的个性的自由和解放，对于我们当今理解人的全面发展仍具有重要的理论和现实意义。人文主义者以人性论为出发点，否认人在神面前无知、无能，肯定了人的价值、人的地位、人的能力，尤其是人的精神能力；否定了人对教义教规的迷信，宣扬个性解放；否定禁欲主义与出道思想，肯定现世生活的乐趣与享受；否定"身体是灵魂的监狱"，提倡灵肉一致。这一切，构成了那个时代人道主义的基本内容。①

人文主义者从古希腊、罗马时代的自由思想中吸取养分，并且作为一定的理论来源，他们的思想之中本身存在一定的滞后性和一定的超前性。他们把身心和谐发展问题提出来，是现实的和向前看的；而这种思想本身很朦胧，解决问题的方法不现实，甚至是向后看的。总的来说，文艺复兴运动促使人们更加积极地追求人的全面发展，但是，依然由于时代的局限性，他们所提的"发展"，并不是人的全面发展，而带有了明显的浪漫色彩。

3. 启蒙运动时期人的全面发展理论

在 18 世纪的西欧，由于科学技术的进步，各种新思想、新思维不断涌现，历史进入启蒙运动时期。这个时期的思想家受启蒙思想的影响，并借鉴吸收西欧文艺复兴运动的诸多思想成果，反对封建专制对人性的压迫，要求实现人性的解放，在社会上大力提倡理想主义、现实主义、乐观主义的人生态度，主张打破宗教对人性的约束，极力弘扬人性与理性，尊重个人的独立，主张在人的发展过程中追求个性的解放，为实现人的全面发展奠定了基础。虽然受到时代、历史、文化等条件的限制，没有明确提出"人的全面发展思想"，但是对反对封建专制，宣扬平等、自由和民主起到了一定的促进作用。此外，启蒙思想家还初次提出了"天赋人权""天赋民权"等民主理论，主张反对封建宗教的愚昧思想，追求实现人的解放，发挥人在社会发展中的作用。

英国的启蒙思想家洛克是西欧启蒙运动时期的主要代表人物之一，他主张解放人性，反对封建宗教对人性的压制，并提出了"有健康的身体才有健全的精神"的著名论断，主张要发挥人的积极作用，

---

① 曹孚，等.外国古代教育史[M].北京：人民教育出版社，1981：157-158.

追求人的平等权利，认为人的一切举止措施，都应合乎"一个理性动物的高贵美善身份"。^①卢梭是法国著名的思想家和教育家，他反对宗教思想对人性的压制，反对封建宗教的愚昧思想，为了实现人性的解放与自由平等，他提倡新的教育方式，通过教育开启人的解放与发展，那就是"自然主义"教育。"自然人为自己而生存，他是数的单位，也是数的主体，他只依赖于自己和按照自己的爱好而生活。"^②卢梭在这里所说的"自然人"特指那个时代的公民。他主张实现人的解放，认为社会对个人的束缚越多，个人能够实现的价值就越小，人的自由全面发展就不会实现。"自然人"应该不受任何限制地在社会上处于独立地位，"自然人"应该根据自身的需求和意愿决定自己的生活方式，根据自己的愿望参与社会活动和接受教育。人的全面发展这条主线始终贯穿于他的这种自然教育法。但启蒙运动时期的人的全面发展理论，同人文主义思想一样，由于缺乏具体的措施和科学的实践，有许多不合理、不现实的空想成分，这种片面的思想理论不能够真正揭示人的全面发展理论的内涵与本质。

总之，西方启蒙运动时期的思想家所提倡的通过不断提倡解放思想，重视教育、参与劳动和建立符合人性的制度来实现人的全面发展，超过了以往思想家有关人的全面发展理论的深度，为人的全面发展理论的进步奠定了新的基础。但当时的启蒙思想家所指的人的发展是个体人的发展，是提倡少数人所接受的教育，忽视了社会实践在人的全面发展中所起到的重大作用，没有根据人的成长规律来揭示人的全面发展的本质与深刻内涵，因而仍旧是片面的思想理论，其实际效果也大打折扣。

4. 空想社会主义对人的全面发展思想的推进

空想社会主义思想家也对人的全面发展思想进行了探讨，并把实现人的全面发展作为未来理想社会的重要标志之一，从而推动了人的

① 洛克．教育漫话[M]．北京：人民教育出版社，1957：423．
② 卢梭．爱弥儿[M]．北京：人民教育出版社，1964：97．

全面发展思想的发展。

随着资本主义经济的发展，资本主义的固有矛盾不断深化，时代的进步迫切需要新的理论与思想对人的发展进行指导，从而"人的全面发展"概念在资本主义社会发展时期被提出来了。这一时期的主要代表人物是圣西门，他认为人的全面发展是指多数人的全面发展、共同发展，主张人要不断挖掘自身的潜能，要把发展意志力、知识和能力作为衡量人全面发展的重要指标，只有不断提高人的素质，才能够不断实现自己的发展，才能够推动道德、科学、艺术的充分发展与高度繁荣。"人的全面发展"的概念就是空想社会主义时期的思想家首次提出的，不仅继承了前人有关人的全面发展的思想，而且发展创新了人的全面发展理论，从而为马克思主义人的全面发展理论提供了丰富的理论来源，对马克思主义人的全面发展理论的提出起到了巨大的促进作用。但空想社会主义思想家没有认识到人的本质属性，离开社会环境来考察人的全面发展；没有意识到社会在实现人的全面发展过程中所起到的巨大作用，脱离社会与实践来论证人的全面发展。因而，其所主张的实现人的全面发展的途径是不现实的，仅仅能够为实现人的全面发展理论提供特定的理论支持。

通过回顾和梳理马克思以前西方人的全面发展理论的发展完善历程，可以看出历代思想家都对人的全面发展理论进行了探讨，并取得一定的理论成就，丰富和完善了人的全面发展理论的内涵。这些思想家对人的全面发展理论的探索为马克思人的全面发展理论的形成起到了重要的借鉴作用。但由于受到历史条件的限制，他们有关人的全面发展的理论或多或少存在某些缺陷与不足，没有把实现人的全面发展与社会实践全面结合起来，没有找到真正能够实现人全面发展的途径与道路。只有马克思，在新的社会历史条件下，通过分析人类社会发展的客观规律，把社会实践作为人的全面发展理论的基础，把实践贯穿于人的全面发展的过程中，全面分析了人的发展与社会进步的辩证关系，克服了以往思想家的缺陷与不足，真正找到了实现人的全面发展的途径，创立了科学的人的全面发展理论，为最终实现人的全面发展提供了科学的理论支撑。

二、马克思关于人的全面发展思想的形成过程

马克思关于人的全面发展思想经历了一个从低级到高级、不断发展成熟的历史过程。它随着世界观的转变，从抽象变为具体，理论上升为实践，具有承上启下的现实意义，经历了一个深刻的历史变革。

1. 人的全面发展理论的萌芽

马克思人的全面发展理论的萌芽和最初探索是从《青年在选择职业时的考虑》到《1844 年经济学哲学手稿》这一时期。对人的发展的认识在青年时期的马克思身上就可以找到影子。在 1835 年所作《青年在选择职业时的考虑》一文中，就可以看到马克思为人的全面发展而奋斗的崇高理想，他认为，使人类和自身趋于高尚是人的发展的目的，并认为自己目的的实现可以通过选择一个最适合自己的职业来完成。由此可见，中学时代的马克思就已经具有自由自觉的意识，这些对未来职业的设想蕴涵着人的全面发展的思想萌芽。

在柏林大学读书时期，黑格尔主义开始在马克思脑中扎根发芽，马克思在其博士论文中论证了人的自由本质。接着，在费尔巴哈唯物主义的影响下，他开始对黑格尔法哲学进行批判，从新的层面认识自由，即从追求人的自由转变为追求人的解放。而明确提出"人的解放思想"是在《德法年鉴》中。在书中，他认为，要想彻底实现人的自由全面发展，就必须首先使人类获得解放，这无疑是对人的全面发展思想的一种早期阐释。"人的全面发展"的说法最早出现在恩格斯《在爱北斐特的演说》（1845 年）和马克思、恩格斯合著的《德意志意识形态》（1845—1846 年）中，这也被看作马克思主义关于人的全面发展理论形成过程的起点。《1844 年经济学哲学手稿》是马克思在 1841 至 1843 年耗费两年时间完成的巨作。书中主要提出了异化劳动理论，同时也阐述了资本主义发展的片面性。认为在私有制条件下人的发展是异化的劳动，它归根到底是由有限的生产力和由它决定的生产关系所决定的，这实际上阻碍了人的全面发展。而基于人的"类"本质，马克思对人的发展提出了他的理想和目标，这也孕育着人的全面发展理论的

萌芽。马克思指出，废除私有制，使劳动自由自觉地成为一种活动是人的全面发展思想的必经之路。他也提出了人的全面发展的一系列具体目标，那就是实现共产主义，使人类全知全能，私有财产得到扬弃，人类自身才能得到真正的解放。

由此可见，此时的理论虽然暂处于"人"的发展、人的本质这个母体中，但是全面性的概念已经凸显，这些思想为人的全面发展理论的形成建立了良好的开端。

2. 人的全面发展理论的形成

马克思在《关于费尔巴哈的提纲》中提出："人的本质是一切社会关系的总和""社会生活在本质上是实践"[①]。实践是认识的基础和来源，没有实践就没有理论的产生；并对认识的发展起着决定作用。人是构成社会的基本细胞，从"人"的维度来看，人是社会这个复杂有机体的细胞，人在生产自身的过程中，不仅创造了人自身的发展，也推动了社会有机体的发展。在促进社会发展的过程中，人已经是社会中的人。人不仅具有自然属性，也具有社会属性；人已经不再是单纯的自然人，而是实现了由抽象个体的人到具体的人的演变。人是一切社会关系的总和，这不仅为人的全面发展提供了有利的理论依据，同时也推动和促进了人的全面发展。

《德意志意识形态》一文的发表，标志着马克思主义人的全面发展理论到了一个新的发展水平。马克思与恩格斯开始用历史唯物主义的观点来思考人的全面发展问题，这也预示着马克思主义关于人的全面发展理论的形成。在《德意志意识形态》一文中，马克思和恩格斯把当前人的片面发展的根本因素归结于"分工"。而社会分工与对应时代的生产力与生产关系紧密相连。在当时既有的社会条件下，生产力与生产关系的发展水平与私有制紧密相连。只有在未来的共产主义社会，在生产力高度发展的时代条件下，消灭了社会分工，真正消灭私有制，公有制成为社会经济发展的主体，才能够为人的全面发展创造丰厚的

---

① 马克思，恩格斯．马克思恩格斯选集[M]．北京：人民出版社，1995：60．

物质条件，才能够全面避免人的片面发展，才能够最终实现人的全面发展。

马克思主义关于人的全面发展理论初步形成以后，马克思与恩格斯又分别先后在《哲学的贫困》（1847年）、《共产主义原理》（1847年）中阐述和深化了人的全面发展问题。特别是马克思在《哲学的贫困》一文中，阐述了机器大生产对社会分工产生的影响以及带来的对人的全面发展的影响。他深刻地分析阐述了资本主义机器大生产对工人全面发展的影响，并深刻指出："现代社会内部分工的特点，在于它产生了特长和专业，同时也产生职业的痴呆""工厂中分工的特点，使劳动在这里完全丧失专业的性质"。[①]马克思在这里把人的全面发展的内涵阐述为"各方面都有能力的人，即能通晓整个生产系统的人"。由此，可以看出，马克思主义关于人的全面发展理论已经基本成熟，已经把私有制社会人的片面发展与社会关系全面结合起来，已经从私有制社会找到阻碍人全面发展的社会因素。马克思主义人的全面发展理论已经摆脱唯心主义的约束，从历史唯物主义的角度来考察人的全面发展理论，把实现人的全面发展与社会生产力全面结合起来，使马克思主义人的全面发展理论立足于唯物主义思想的基础上，使得这一理论已经具备科学性。

3. 人的全面发展理论的成熟

随着资本主义社会的发展，资本主义社会的基本矛盾已经开始显现。马克思自1843年开始，将自身的研究领域扩展至政治经济学方面，试图从政治经济学的角度来分析资本主义社会的基本矛盾，并将对政治经济学的深化研究与探讨实现人的全面发展结合起来，试图通过分析在资本主义社会发展条件下人的全面发展问题，找到私有制时代人的全面发展的有限性，以及私有制社会阻碍人实现全面发展的社会因素，并能够找到实现人全面发展的实质性方案。就在这个时代条件下，马克思发表了三部著名的《经济学手稿》，从而进一步发展和完善了马克思主义人的全面发展理论。特别是《资本论》一书的公开出版，在

---

① 马克思. 哲学的贫困[M]. 北京：人民出版社，1987：135.

当时引起了巨大的社会轰动，从而最终标志着马克思主义人的全面发展理论的成熟。随后，随着《哥达纲领批判》和《反杜林论》的陆续出版，进一步补充和完善了人的全面发展理论。这一历史时期，可以说是马克思主义人的全面发展理论的成熟期。

第一，马克思在《1844年经济学哲学手稿》中，全面分析了人的全面发展理论的基本内涵。人的全面发展理论也是该书稿的基本内容和精神实质，并对实现人的全面发展具有特定的指导价值。该书稿通过分析资本主义社会对人的全面发展造成的局限性，根据社会关系对人的全面发展的影响程度，按照个性和独立发展程度把人类社会划分为三大社会历史形态。这三大社会历史形态不但深刻阐述了资本主义社会下人的全面发展的实现程度和一般特征，同时也梳理了人类社会各个历史时期对人的全面发展的影响，从而深刻解释和总结了人类社会历史发展的一般特征和社会发展规律。在资本主义以前的奴隶社会和封建社会，由于社会生产力发展的极端落后，社会知识和科学技术的高度缺乏，特别是生产资料私有制的存在，个人依附于他人或者特定的社会阶层，如奴隶主、封建主，个人的全面发展受到社会条件的极端制约，从而大大地限制了人的全面自由发展的程度。在资本主义社会条件下，人的全面发展主要表现出对物的依赖性特征。在这一历史时期，人类摆脱了对其他社会阶层的高度依赖性，社会多方面需求以牺牲个人的片面需求为代价，社会的全面能力以实现个人的片面发展为条件，人实现全面发展受到时代条件的限制，存在着巨大的困难。而人的全面发展的第三大历史形态是在前两种历史形态的基础上形成的，其特征是"建立在个人全面发展和他们共同的社会生产能力成为他们的社会财富这一基础上的自由个性"①。在这一历史时期，由于公有制的存在，每一个人能够根据自己的意愿实现自由而全面的发展，并摆脱了地域、时间等条件的限制，人类成为社会发展的主人。人类能够自由地支配自己的时间，根据自己的需求做自己想做的事情。共产主义社会是人类社会发展的最高历史阶段，社会生产力高度发达、

---

① 马克思. 1844 年经济学哲学手稿[M]. 北京：人民出版社，1995：104.

物质财富丰富，社会的发展依赖于人的全面发展和能力的全面发展，人们将在丰富的需要、自由的活动和社会关系中得到全面发展，未来和谐社会将是实现人的全面发展的理想阶段，也是对未来和谐社会人的全面发展的理想展望。

第二，马克思已经把人的全面发展与时间的必要性全面联系在一起。时间是人在社会发展过程中积极存在的时间，是人自身生命过程中的自身存在的衡量，是人类生命发展过程中的标尺。根据唯物史观的观点，时间是由必要劳动时间、剩余劳动时间和自由时间构成的。而这里所说的自由时间，在马克思看来，是实现人全面发展的必要条件，与人实现自由发展的程度紧密相连，因为只有人有了可自由支配的时间，才能够按照自己的意愿从事生产与劳动，才能够促使自己实现全面发展，使自己全面发展实现的程度与社会的历史进程相适应。在以私有制为基础的资本主义社会，资本家为了榨取过多的剩余价值，过度地剥夺和侵占人们的自由时间，从而阻碍了人的全面发展，也阻碍了人实现全面自由发展的程度。因此，马克思把私有制看作非公有制社会阻碍人实现全面发展的根本原因，也把私有制的消灭和消除旧式分工看作实现人全面自由发展的前提条件。马克思全面分析时间与实现人的全面发展的辩证关系，并深刻分析人的全面发展的本质规律，提出只有实现大工业的发展，才能够为人的全面发展提供合理的自由时间，才能够最终确保实现人全面自由发展的必要时间。

第三，马克思在这一历史时期，根据社会生产力发展的实际和科学技术的进步，全面认识和探讨了实现人全面发展的实践方式。马克思通过分析资本主义生产方式的客观规律与条件，分析资本主义生产方式给实现人的全面发展带来的弊端，提出应该全面限制过度延长工人的劳动时间，给工人合理的必要的自由发展时间；并针对未来的公有制社会，指出应将人的劳动与劳动者自身的智力、体育全面结合起来，这是未来社会实现人的全面自由发展的根本途径。在马克思花费毕生精力完成的划时代的经济学巨著《资本论》一书中，他全面阐释和分析了资本主义生产方式的发展规律，全面分析了资本生产、交换、分配和流通的全过程，全面揭示了资本主义社会的客观发展规律，并提出了著名的剩余价值理论。在全面分析资本主义社会发展规律的基础上，立足于唯物史观的基本理论，全面阐述了人的全面发展理论的科学内涵，并结合社会生产方式指出了实现人全面自由发展的基本途径和条件，从而确立人的全面发展理论的理论体系与深刻内涵。马克思在《资本论》中有关人的全面发展理论的科学论述，是全面继承前人有关人的全面发展理论的结果，也是首次用唯物史观的观点来论述人的全面发展理论的内涵，标志着马克思关于人的全面发展理论的成熟，实现了人的全面发展理论学说的一次重大历史飞跃。马克思人的全面发展理论的成熟也是马克思主义日益科学性的一个重大历史标志。

马克思在晚年的时候继续探索人的全面发展理论，并将人的全面发展理论与未来理想社会的探讨全面结合起来，从而促使了人的全面发展理论的深化和完善。马克思在《哥达纲领批判》一书中指出，未来理想社会实现的必要条件就是能够确保实现每个人的全面自由发展，未来社会能够为每一个人的全面自由发展创造条件，但具体到每个人来说，由于每个人的自身因素、外在因素以及主客体之间活动因素的差别等各方面的因素，个人在未来社会的全面自由发展实现程度将不尽相同。此外，马克思提出了人的全面自由发展程度在共产主义社会两个阶段实现程度不同的理论。马克思认为未来的大同社会必然经历社会主义社会和共产主义社会两个历史阶段，在社会主义阶段，由于社会生产力的相对落后，虽然已经消灭了私有制，但由于社会历史条件的限制，社会生产力还不是非常发达，人们在很大程度上还没有形成自由自觉的劳动状态，劳动还是人们谋生的一种手段。所以，在社会主义阶段，人的全面自由发展程度还不能够充分实现，人的全面发展程度还存在着部分缺陷，或者片面的发展、畸形的发展还零星存在着；但在社会主义社会阶段，人实现全面发展的自由时间已经大大增强，与私有制社会相比已经是历史的巨大进步。而到了未来大同社会的第二个阶段——共产主义社会，由于社会生产力高度发达，社会上物质财富极为丰富，人民群众的生活水平与生活层次都得到极大的改善与提高，人们生活在一个物质财富丰富、精神财富充裕的理想社会中，劳动已经不是人们谋生的手段，而是人们的一种自由、自觉的生活方式，是人们生活的一种基本需要，在这样理想的大同社会中，人们能够根据自身的需要实现全面自由的发展，人全面发展的实现程度是以前任何社会形态所不能比拟的，每个人都在社会发展的过程中实现全面自由的发展，并把自身全面自由的发展与社会的发展全面结合起来，并通过个人对社会发展的促进作用来体现个人全面自由发展的程度。马克思在晚年对未来理想社会的探讨与社会阶段的划分，在社会客观发展规律的基础上深化了对人的全面发展理论的探讨，不仅全面揭示了社会发展理论与人的全面发展理论的客观规律，也指明了实现人全面自由发展的基本途径。

由此可知，马克思利用唯物史观理论对人的全面发展理论的探讨，克服了以往在人的全面发展问题上的诸多先天性的缺陷与不足。他根据人类社会发展的客观规律，并借鉴和继承前人有关人的全面发展理论的探讨，创立了马克思主义人的全面发展理论，为整个马克思主义理论体系的科学发展奠定了坚实的基础，成为马克思主义理论不可分割的重要组成部分。

三、马克思人的全面发展理论的内涵

人的全面发展理论是马克思主义的基本核心理论，实质上也是马克思主义理论的最终出发点。马克思主义通过揭示人类社会发展的基本规律，引导劳动者建立以公有制为基础的大同理想社会，其最终目标也是为实现人的全面发展创造条件。由此可知，人的全面发展理论是马克思主义理论体系的核心与精髓。人类社会的发展离不开现实的人，人是人类社会发展的终极目标和受益者。

马克思认为应该辩证地、全面地理解人的本质，这是科学认识人的基础。马克思认为，要从社会关系的角度来全面认识人的本质问题：人具有区别于动物的一般性特征，人有意识、有目的地改造自然的活动就是人类的基本特征，也是与动物的根本性区别；从人与社会的辩证关系来看，人在某种程度上是社会关系的总和；每个人的成长经历不同，从而使每个人具有不同的个性特征。通过全面分析人与社会的辩证关系，有利于全面认识人全面发展的科学内涵。通过从社会发展的角度来分析人全面发展的内涵，可以从主体性的角度来归结为"人"

"全面""发展"。人的全面发展离不开社会生产力的发展，人全面发展的实现程度受到社会生产力发展的制约。社会生产力的发展是实现人全面发展的根本，没有社会生产力的高度发展，没有物质财富的极大丰富，就不能够实现人的全面发展。社会生产力的发展、社会物质财富的创造，归根到底是为了实现和促进人的全面发展。人是社会的个体，是促进社会发展的直接动力，没有人就没有社会。因此，社会的发展必须尊重人的权利与尊严，任何组织与个人都不能够侵犯个人的最基本权益，这样的社会发展才是符合规律的发展。"人的全面发展"应该是符合人性与社会发展规律的发展，是个体全面自由的发展，是个体社会关系与平等交往的全面发展，也是符合个人需求与能力的全面协调发展。

1. 个人平等交往关系的建立

人是社会中的人，人的全面发展不能够脱离社会关系的发展，人的发展只有与社会关系的发展全面结合起来，才能够最终实现个人平等交往关系的发展。

交往是人在社会关系中实现全面发展的基本需要。人之所以是社会的人，就因为人是一切社会关系的总和。马克思指出："社会关系实际上决定着一个人能够发展到什么程度。"①在马克思看来，交往是人在社会关系中实现发展的基本途径，只有通过社会交往，人们才能够交流思想、共享信息，才能够获得实现全面发展的社会经验与知识。同时，人只有在社会交往中，才能够获得心理、情感方面的满足，才能够使人成为社会发展进程中的正常人。人只有在社会交往中，通过经验、知识的交流，才能够认识到自己的不足，认识到自身经验与社会现实发展要求之间的差距，从而在社会交往过程中，不断促进自身的全面发展，不断学习新的社会知识，从而不断地提高、丰富、发展自己。由此可知，人交往发展的程度决定着人全面发展的程度，交往的过程就是实现人的全面发展与社会发展全面结合的过程。平等而全

---

① 马克思,恩格斯.马克思恩格斯选集[M].北京:人民出版社,1995:
244.

面的交往是人作为个体与社会的全面而深刻的交往，是个体全面融入社会发展的全面交往。人的交往关系最终表现为单纯的物质交换关系。随着社会生产力的发展和交换程度的加深，人与人之间的经济交往代替了以前纯粹的物质交换，并成为人与人之间社会交往的主要形式，从而使人与人之间的联系更加密切。随着社会分工的发展和加深，经济交往使人与人之间的依赖程度更加紧密。这种基于个人利益的交往与联系，使人与社会的关系更加密切。因为任何一个人的发展必须依靠社会的发展，因此，这就为最终实现人的全面自由发展奠定了重要的社会关系，也是实现个人全面自由发展的根本前提。没有交往，就不会实现个人平等自由全面的发展。马克思认为，仅仅从物质财富的角度看，人的交往可能是普遍的。但全面的交往关系需要多层次、丰富的社会联系，从而在物质交往的基础上产生了政治法律、道德艺术、宗教文化等社会交往，使人交往的社会关系更加丰富多彩。人要实现全面自由的发展，必须依托社会的全面交往关系的确立与完善，人全面发展的程度与社会关系的丰富性是相关联的，人交往关系的全面性与丰富性是实现人全面发展的基础。

人是社会中的人，人的全面发展如果离开社会，处于自我封闭的状态，人的主体性与社会性将无法确立，更谈不上实现人自身的全面自由发展。人只有立足于社会发展的过程中，才能够在社会关系中实现自身的主体性，才能够以开放的、完整的姿态参与到社会发展的进程中；人只有参与到政治生活与社会事务管理的过程中，而不是把自身的全面发展与参与社会生活全面对立起来，才能够最终实现个人平等关系的建立。如果人脱离社会生活来追求自身的全面发展，不能够享有基本的社会权利，不能够参与到国家治理、社会发展的管理活动中，不能够享有某些社会事务的"话语权"，这种个人的发展是不全面的发展，是片面畸形的发展，人自由全面发展的程度将受到极大的限制，在实质上，人也是不自由的。

2. 个人需求的多方面实现

个人需求的多方面实现是衡量人全面发展程度的重要标志。社会是丰富多彩的，必然决定了人需求的多方面性，人类社会发展的进程就是个人需求多方面实现的历史进程。个人需求是由个人的世界观与价值观所决定的，不同的人具有不同的世界观和价值观，这就决定了不同的人具有不同的需求结构。个人需求的多方面、多层次是衡量个人智力、能力发展水平的重要标志。人在社会关系发展的过程中有什么需求，是由自身的意志来决定的。马克思曾经指出："人的需要的丰富性，从而产生的某种新的方式和生产的某种新的对象在社会主义的前提下具有何等的意义：人的本质力量的新的显现和人的存在的新的充实。"①马克思认为，随着社会生产力的发展，特别是社会生产力相对发达的社会历史时期，由于物质财富、精神产品的极为丰富，人们不仅仅满足于基本的物质生活需要，而必然对文化、艺术、自我实现等发展需要提出更高的要求。在社会生产力相对发达的今天，我们理解马克思关于"人的需要的丰富性""人的主体力量的显现和人的存在的新的充实"的论断，一方面是指在现代社会生产力发展的基础上，人的主体性力量与人的自由个性的全面提升，社会生产力的发展程度能够不断提升个体自身发展的主体性与需求性，从而使人的需求更加丰富。另一方面是说，人具有多方面的需求，社会生产力的发展不仅能够满足人的多方面需求，还能够促使人的需求的提升与发展。人在社会关系中的多方面需求，不仅仅在于人自身的物质生活需要，还必将覆盖人的精神需求、社会交往需求等多方面，以及发展自我和实现自我的需要等。只有使自身的需求结构立足于社会生产力的发展状况，在充裕的物质财富与精神财富的基础上，人的需要得到全方位的满足，人的社会关系才能够全面展现，人才能够提升到一个更高的自由的生存境界，从而实现良性循环，实现个人的全面自由发展。以下主要从三个方面来对人的需要的特征作一分析。

　　第一，人的需要的多样性。马克思认为，"需要"是人的全面发展理论的基础，是人的本质属性在社会中的体现。在现实社会生活中，不同的个体因为自身的原因对需要的追求程度不同，同时，每个个体具有多方面的需要，这也是"人是社会关系的总和"的体现。社会关

---

　　① 马克思，恩格斯.马克思恩格斯全集[M].北京：人民出版社，1980：132.

系的复杂性决定了个体需要的复杂性，人的需要是多维度的、丰富多彩的。人要实现自身全面的和谐发展，自身合理需要的满足是实现自身发展的前提。人的需要的多样性与丰富性可以从两个层次来划分，即对象层次和主体层次。从对象层次来看，可以把人的需要划分为社会性需要和自然性需要。人要实现发展，必然离不开吃、穿、住、用、行等基本物质生活用品，这些自然性需要是人自身发展过程中较低层次的需要，但这些较低层次的需要是实现人全面发展的基础。没有这些较低层次的需要，人连生存都无法保证，更谈不上实现自身的全面发展。社会性需要是人相对高层次的需要，主要是指人们在社会关系中的交往、感情、文化等精神层面的需要。从自然性需要与社会性需要的层次来看，社会需要是人自然性需要的扩展和延伸，是人类社会中相对高层次的需要；而自然性需要是社会性需要的基础，没有自然性需要就没有社会性需要的产生。从主体层次来划分，人的需要可以归纳为群体需要与个体需要。群体是由个体所组成的，群体是一个个个体的组合。个体需要是群体需要的基础，只有个体的需要得到满足，才能够涉及群体需要；群体需要是个体需要的延伸与保障，群体的需要得到满足必然会促进整个群体或者整体的发展，从而能够为个体的发展创造相对有利的环境，从社会环境与社会舆论氛围的角度确保个体需要的满足。

　　第二，人的需要的多层次性。人的需要是人在生存发展过程中的必然性需要，没有需要就没有人的全面自由发展。人是社会中的人，人类社会是不断向前发展的，作为社会中的人必然随着时代的进步而不断提出新的需要，提出各种多层次的需要。社会的发展是没有尽头的，人的需要也是没有尽头的；但人的需要必须立足于社会生产力发展的实际。根据人自身发展对需要层次的分析，恩格斯对人的需要作了科学的、经典的划分，把人的需要划分为生存的需要、享受的需要和发展的需要。人能够生存下去是实现自身全面发展的前提，因而，生存需要是人实现自身全面发展的最基本需要，是人类满足自身生存发展的最低层次的需要。虽然人和动物一样都来自于自然界，但人和动物的生存需要具有本质性的区别：人的最低层次的需要是人自身通过劳动实现的，而劳动本身就是人自身全面发展的基本途径。享受的需要是人在全面发展过程中满足了低层次需要的基础上，人自觉提升的一种相对高层次的需要。人具有社会性，生产力的发展必然能够不断满足人的需要，必然推动人的需要向高层次发展，促使人们向往并追求能够实现全面发展的更好的客观条件和社会环境，促使人们把实现自身全面发展与追求高品质、高品位的生活结合起来。人的需要是没有尽头的，人追求自身需要满足的过程就是追求自身全面发展的过程。发展的需要是人的需要中最高层次的需要，人只有追求实现自身的全面发展，才能够不断促进自身智力与体质的发展进步，在促进自身发展的同时，也能够为社会发展创造更多的物质财富与精神财富，根本上也推动了社会生产力的发展，推动了社会物质文明和精神文明的进步。人不断追求自身发展的过程，也是追求自身生存需要、享受需要、发展需要的过程；人不断追求实现自身发展需要的过程实质上就是自身价值不断实现的过程，在某种程度上也是自身享受需要、发展需要满足的过程。人实现自身全面发展与追求需要的过程是辩证统一的，统一在人类社会发展的历史轨迹中。人的需要的层次的丰富性实质上是社会关系复杂性的综合表现，也是人实现全面和谐发展复杂性的综合体现。[①]

第三，人的需要的发展性。人自身的需要不断被满足的过程就是人的全面发展不断得到实现的过程。在人类诞生的原始社会形态中，由于社会生产力极端落后，社会物质财富极度缺乏，人的需要处于最低层次，而这个最低层次的需要是人类为了维持自身的生存而不得不追求的需要，与人的全面发展的需要还是有差距的。随着资本主义生产关系的建立，机器生产成为资本主义的主要生产方式，社会生产力处于相对快速的发展水平，社会财富相对丰富，人们的需要也能够得到发展和满足，但由于私有制的存在，大多数社会成员仍受到各个方面的生存条件的限制，因而人们的追求还主要停留在物质需要的层次方面，而精神方面的需要、个人发展的需要还很少有人涉及。只有在未来的大同社会——这是人类社会发展的最高社会形态，社会生产力

---

① 田静．马克思人的全面发展理论及其当代价值[D]，临汾：山西师范大学，2013．

高度发达，社会物质财富与精神财富极为充裕，劳动已经不是人们谋生的手段，人们的需要能够得到全方位的满足与实现，人的精神需要成为当时最高层次的需要，不仅实现了人的物质需要和精神需要的全面结合，也是人自身全面发展的过程与自身需要不断得到满足的过程的完美结合。由此可知，人的需要是随着时代的发展而不断进步的，社会生产力发展的无限性，也必然决定了人的需要发展的无限性，人的需要是一个永无尽头的发展过程。

3. 个人能力的全面发展

个人能力的全面发展是人的全面发展的重要内容，人的全面发展主要体现在个人能力的全面发展。只有实现个人能力的全面发展，人才能够在社会发展中不断发挥自己的聪明才智，为社会创造更多的财富；才能够推动社会的发展与进步，并在发挥个人能力的过程中，不断实现自身的全面发展。马克思曾经说过："任何人都有权利来按照自己的意愿发展自己的一切的能力。"[1]人的能力的全面发展就是个人体力与智力，或者是自身存在的本质力量的综合运用和发展的过程。

马克思针对资本主义生产关系对个人发展造成的片面与畸形影响，把人的能力归纳为人的本质力量在社会关系中的体现与展示。人的能力的全面发展是实现人全面发展的核心，人的全面发展实质上就是人的能力的全面发展；没有实现人的能力的全面发展，根本谈不上实现人的全面发展。马克思在《资本论》中指出："人的劳动能力，就是人们在生产某种使用价值时所存在和发挥运用的体力和智力的有机组合。"[2]实际上，人的能力的全面发展就是个人的本质属性在社会关系中的全面体现与发展。马克思在《资本论》第一卷中说："现代工业通过机器、化学过程和其他方法，使工人的职能和劳动过程的社会结合不断随着生产的技术基础发生变革。这样，它也同样不断地使社会内部的分工发生革命，不断地把大量资本和大批工人从生产部门投到

---

① 马克思，恩格斯．马克思恩格斯选集[M]．第 3 卷上．北京：人民出版社，1960：330．

② 马克思，恩格斯．马克思恩格斯选集[M]．第 2 卷．北京：人民出版社，1972：190．

另一个生产部门。因此，大工业的本性决定了劳动的变换、职能的更改和工作的全面流动性。"①因此，"在社会大生产中，劳动的变换是社会大生产自身发展的必然要求，是社会生产自身发展不可克服的自然规律，这种不可克服的自然规律必然要求人根据社会发展的要求实现自身的全面发展，要求个人的全面发展必须符合社会大生产的要求，这种自然规律必然会为自身的发展克服任何地方遇到的障碍，这种社会大生产的自然规律带有克服各种障碍的盲目破坏作用，并不断冲破各种樊篱为自己开辟新的道路。从而，社会化大生产克服障碍的盲目破坏作用使以下几点成为生死攸关的问题，承认劳动的变换，从而承认无产阶级尽可能的全面自由发展是社会生产力发展的必然需求，并且促使各种关系易适应于这个规律的正常实现。由于资本主义生产方式的存在，社会化大生产的发展使下面这一点成为生死攸关的问题，为适应资本的不断变动的剥削需要，从而使社会上具有处于后备状态的、可供支配的、大量贫穷的劳动者，从而限制了劳动者能力的全面发展；有那种把不同社会职能当做相互交替的活动方式的全面发展的个人，来代替只是承担一种社会局部职能的局部个人"②。马克思通过分析资本主义生产方式对人的能力的全面发展带来的消极影响，使我们认识到，个人能力的全面发展必须立足于现实社会发展的根本条件，社会生产方式和社会关系给人的能力的全面发展带来的影响是巨大的，私有制是阻碍人实现个人能力全面发展的最终根源。只有在未来的人类大同社会，由于社会生产力的繁荣发展，社会物质财富极为丰富，劳动已经成为劳动者自觉的活动，个人能力的全面发展才能够最终实现和得到保证。

　　人的能力的全面发展是立足于社会发展的全面发展，不能够脱离社会生产力发展的实际来理解马克思关于人的全面发展理论，或者简单地把人的全面发展理解为人为了实现生存而适应社会的瞬息万变的社会活动。每个人都应当做符合自己能力、自己需要的社会工作，不能够脱离社会发展水平，或者脱离自身的实际水平去做超乎自身能力

① 马克思．资本论[M]．上海：上海昆仑书店，1930：99．
② 马克思．资本论[M]．上海：上海昆仑书店，1930：99．

的工作。

4. 人的个性的全面发展

　　所谓人的个性，是指"人们在逐渐的社会生活和实践中所产生的一种区别于他人的独特的心理与行为特征，是个人的私有财产"①。马克思人的全面发展理论认为个人的全面发展是实现人全面发展的重要内容，实现个体个性的多方面发展是人全面发展的最高程度，也是人全面发展的终极目标与最高要求。人的个性的全面发展主要体现在两个方面。一方面是个人主体性水平在社会关系中的全面提升。主体性水平就是指个人的自觉能动性、创造性和自主性在参与社会交往过程中的全面提升水平。其中，主体能动性是指人自身认识自然和改造自然的特性；创造性是个体主体能动性的最高表现，也是人全面发展水平与发展程度的最高体现，是指主体对现实的超越和突破；而自主性是主体性全面发展水平的最高表征，是人对自身全面发展的自我体现与自我控制，并制约着主体能动性和创造性水平发挥的程度。正是基于自主性的这种特殊内涵，马克思把主体性活动与自主活动理解为同一含义，等同于人的个性，把人的个性称之为自由个性。另一方面，个人全面发展的程度主要体现为个人独特性的全面发展上。社会是由个人组成的，个人是社会的基本细胞，每个人都是唯一的、个别的、无法替代的。社会的丰富性正是由于个人的丰富性，个人的独特性发展是社会丰富性的最终根源。个人全面自由的发展必然体现为个人的独特性的全面发展，个人全面发展的程度就体现在个人独特性的发展上，即每个人能够区别于他人的独特性的充分展现与突出，这种模式的发展必然导致个性模式单一、定性化发展的消失，从而使每个人都得以保持能够区别于他人的独特理想与人格，社会将会更加丰富多彩。

　　总之，个人平等交往关系的建立、个人需求的多方面实现、各种能力的全面提高、个性特征的全面发展，共同构建和组成了马克思人的全面发展理论。

---

① 骆静. 论马克思哲学中人的个性[D]，南京：河海大学，2007.

四、马克思关于实现人的全面发展的条件和途径

人的全面发展是推动人类社会不断向前发展进步的基础。人是构成社会的细胞，人的全面自由发展必然推动人类社会的发展，而人类社会的发展必然带动人的全面自由发展，人类社会的发展能够提供促进人全面发展的社会条件，能够促进人的全面自由发展的程度。在人类社会历史形态中，要确保实现人的全面自由发展，必须具备特定的前提条件，而这些前提条件需要人类自身去创造和准备。人类创造条件和准备条件的过程实质上也是人类实现自身全面发展的过程，在创造各种基本条件的过程中，需要发挥人的积极性和创造性，这个发挥主观能动性的过程，也是人类不断实现自我全面发展的过程。马克思、恩格斯在人类社会发展的一般规律的基础上，全面分析人的全面发展的科学内涵，研究实现人的全面和谐发展的现实条件，从而找到了能够实现人的全面发展的现实道路。

1. 生产力的高度发展：实现人的全面发展的物质前提

生产力是马克思主义唯物史观的一个基础性概念。在人类社会发展的历史进程中，生产力发挥着重要的作用。所谓"生产力"，是指"人类在改造和影响自然的过程中的一种能力"①，它是确保人类实现生存和发展的基石。没有社会生产力的发展，根本谈不上社会的进步。只有发展社会生产力，才能够不断积累确保实现社会发展的财富，才能够不断改善人类的社会生活，才能够确保人类的生存发展。马克思曾在《资本论》及其手稿中，明确提出生产力的发展是确保实现人全面发展的物质前提。这是因为，首先，只有社会生产力才能够创造出各种物质生活资料，只有社会生产力高度发达，才能够创造出社会发展所需要的各种物质财富和精神财富；只有物质资料丰富了，才能够确保社会能够满足人自身发展的多层次需要。人只有在能够维持自己生

---

① 王展飞，李毅，等. 马克思主义基本原理概论[M]. 北京：高等教育出版社，2008：89.

命的前提下，才能够提出更高层次的需要，才能够追求自身全面的发展，才能够使自身全面发展的程度更高。其次，社会生产力的不断发展进步，能够为人的全面自由发展提供充裕的自由时间。因为社会生产率的提高，劳动产品的极为丰富，能够使劳动者拥有自己能够支配的时间，在这些能够自由支配的时间里，人们能够根据社会的发展去充分挖掘自己的兴趣与爱好，从而根据自己的意愿与社会的需要来实现自身的全面发展，把个人的全面和谐发展与社会的发展全面结合起来，实现人的发展与社会发展的和谐统一。这是人全面发展的最高境界，需要社会生产力的高度发达。再次，生产力的发展与人的全面发展是密切相关的。生产力的发展是人实现自身全面发展的基础，任何一个人的全面发展都不能脱离社会生产力的发展实际。无论在任何时代条件下，人要实现自身全面的发展，都必须立足于社会生产力发展的现实。社会生产力是推动人全面发展的终极动力因素，但人的全面发展与社会生产力的发展是相互促进的。劳动者是生产力的构成要素，人的全面发展就是劳动者体质与智力的综合发展，必然能够推动社会生产力的发展；同样，社会生产力的发展进步，也必然能够开阔劳动者的视野，促使劳动者实现更高程度的发展。生产力的发展推动着人的需要的发展。人来自于自然界，人要生存必须首先解决维持自己生命的最低层次的需要，只有满足了自己的生存需要，才有可能去追求更高层次的精神需要。当人们连温饱问题都无法解决的时候，根本谈不上实现人的全面发展。只有社会生产力高度发展了，才能够创造出更多的物质财富与社会财富，才能够在满足人的低层次需要的基础上，引导人们追求更高层次的需要，从而为实现人的全面发展奠定基础。生产力的发展能够推动人的能力的全面发展。人们在参与社会劳动的过程中，不仅促进了社会生产力的发展进步，还使得自身体质与能力都得到全面发展，可知，生产力的发展与人的全面发展在某种程度上可以相互促进。最后，生产力的发展能够促使个人社会关系的全面发展。人是构成社会群体的细胞，人在社会发展中不是孤立存在的，在某种程度上是社会关系的总和。人在参与社会生产的过程中形成复杂的社会关系，人的全面自由发展不能脱离社会而发展，如果人的发展脱离社会群体，将成为无源之水、无本之木。因此，人的全面发展不能脱离社会发展的大环境，而社会的发展必然立足于生产力的发展。同时，生产力的发展必然推动人的个性的全面自由发展。随着社会生产力的进步，劳动生产率不断提高，从而能够为人的全面发展提供越来越多的自由时间，使人能够依据社会发展的要求实现自身独特性的发展，使人能够有时间从事文学艺术的研究以及精神财富的创造；从而能够创造满足人类自身发展所需要的高层次需求，促进人的全面发展，促使人的个性的独特性发展，也促使社会关系更加丰富多彩。同时，人的个性的全面自由发展能够作用于社会，能够不断促进社会生产力的发展和社会的进步。

2. 私有制、旧式分工的消灭：实现人的全面发展的根本条件

私有制是指生产资料的私人占有制，是历史发展进程中的一种所有制形式。在私有制占主导地位的社会，因为私有制的存在，社会财富往往集中在少数人的手里，不占有生产资料的人不可能拥有实现自身全面和谐发展的条件，甚至不能够拥有平等生存的权利。在私有制占主导地位的社会里，社会分工在某种程度上促进了社会生产力的发展；但是，社会分工的存在作为一支不可抗拒的力量，支配着、驾驭着个人，个人因为不占有生产资料，为了生存与发展，不得不屈服于旧式社会分工的安排。这就使人屈服于社会生产力，屈服于资本主义生产方式的安排，以至于阻碍了人的全面发展。因此，马克思在深入分析资本主义私有制给劳动者带来的一系列危害的情况下，明确地指出了导致资本主义社会中人畸形发展的深层次社会原因，指出私有制是导致资本主义社会人片面发展的根源。马克思通过分析人类社会发展的客观规律，认为要实现社会发展与个人全面自由发展的辩证统一，就必须进行社会革命，用社会公有制代替私有制，建设未来的大同社会。只有用共产主义社会取代私有制社会，才能使全体社会民众拥有生产资料，才能消灭剥削与私有制，才能实现社会生产力的高度发展，从而为人的全面发展创造更多的社会财富，人的全面自由发展才会成为可能。马克思所指的"旧式分工"，是指"社会劳动主体在社会生产活动中被固定在一定的活动范围中且从事固定的劳动形态，从而使人

片面、畸形发展的一种分工形式"①。马克思认为，在资本主义社会的条件下，旧式社会分工的存在严重阻碍了人的全面发展。在资本主义生产过程中，由于社会化大生产的需要，无产阶级被严格划分在特定的工作领域，随着时间的推移，工人只对自身特定的工作领域比较熟悉，而对其他工作领域却是一无所知。在这种旧式分工条件的制约下，工人为了生存必然只能够重复单一的、片面的工作，而不可能成为掌握社会化大生产技术的全面发展的人。这种旧式分工的存在导致人的片面畸形发展，使工人丧失了实现自身全面发展的基本权利。虽然旧式的社会分工促进了社会生产力的发展，提高了劳动效率，但这种社会发展是以牺牲人的全面发展为代价的。分工是社会生产力发展的必然趋势，合理分工是促进人全面自由发展的重要条件。在任何社会形态下都存在着社会分工，在未来的大同理想社会中也存在着社会分工。马克思根据对人类社会历史发展规律的分析，主要是提出了消灭私有制条件下的旧式社会分工，消除旧式社会分工给人的全面发展带来的消极影响，而并不是消灭分工本身。分工是人类社会发展的自然现象，是永远存在的。通过"合理分工"，可以最大限度地挖掘个人的潜力，实现个人的全面自由发展。

总之，随着社会生产力的发展，逐步消灭私有制与旧式分工，不断促进人的全面自由发展，逐步用全面发展的个人代替承担局部职能的个人，这是实现人的全面自由发展的根本条件。

3. 充足的自由时间：实现人的全面发展的基本保障

唯物史观认为，时间是衡量人自身发展的积极存在，是人自身发展的空间。马克思根据唯物史观的理论，从确保实现人的生存与发展的角度，把人的时间划分为工作时间和自由时间，并认为自由时间是确保实现人自身全面发展的关键，只有自由时间充裕了，人才能够根据社会发展的需要，根据个人的兴趣爱好来实现自身的全面发展。对于足够的自由时间的充分支配是确保实现自身全面发展的基础和保

---

① 秦庆武. 论新技术革命与旧式分工[J]. 哲学研究，1985（6）.

障，没有自由时间，根本就谈不上实现个人能力的全面提高。人是社会中的人，人的全面自由发展是社会发展的重要组成部分。要为个人能力的全面发展提供充裕的时间和条件，就必须不断发展生产力，改进生产工具，提高劳动生产效率，从而减少物质劳动时间，最大程度地减少社会必要劳动时间，增加自由劳动时间。要增加人实现全面自由发展的必要时间，根本途径就是不断提高生产力的发展水平，不断推动科学技术的进步，从而不断提高劳动生产率。只有不断提高生产力与劳动生产率的发展水平，才能够生产充裕的物质财富与精神财富，才能够不断满足社会成员全面发展的需要，从而也为人的全面发展挤出相对宽裕的时间。在充分实现个人全面发展的自由时间里，人可以根据社会发展的需要和自身的兴趣爱好，学习各种科学知识与生活技能，从而最大程度地实现个人能力的全面提高。但这种理想的能够实现人全面发展的自由时间，只有在未来的理想社会中才能获得。在未来的理想社会，由于社会生产力的高度发达，社会的必要劳动时间最大程度地缩减，劳动的强度已经大大降低，且由于科学技术的广泛应用和劳动生产率的全面提高，社会物质财富极为丰富，劳动已经不是人们谋生的手段，而成为人们的自觉性活动，人们拥有实现自身全面发展的自由时间，获得了实现自身全面发展的充裕的自由时间，从而为确保实现人的能力的全面发展奠定了基础。

4. 社会关系的全面丰富：实现人的全面发展的衡量标尺

社会关系实质上是人们在社会生活中通过彼此交往而形成的一种纽带关系。社会关系是衡量人的全面发展的重要尺度，也是确保实现人的全面发展的基础。一方面，社会关系是促进人全面自由发展的社会条件，社会关系决定着人全面发展的实现程度，也决定着人的需要的满足程度和人的能力的实现程度。每个人在社会关系中处于不同的地位，从而对自身需要的满足程度和个人能力发展的实现程度必然有着形式上、本质上的区别。例如，有的人处于有权力、有金钱的占统治性的社会关系中，利用权力、金钱等有利条件，能够更好地满足自身的需要，能够促使自己的能力得到全方位的提高，在实现全面自由发展的过程中所遇到的障碍相对较少，能够最大程度地实现自身的全面发展。相反，有的人在社会关系中处于相对贫穷、弱势的地位，在实现自身全面发展的过程中，其所能利用的社会条件相对缺乏，自身的需要得不到很好的满足，个人能力的综合发展会遇到许多困难，无法顾及自身个性的独特性发展。因此，社会关系决定着人的需要的满足与能力的全面提高。另一方面，社会关系决定着人的能力的发挥和实现程度。社会关系是始终处于发展之中的，不同的社会关系必然对人们能力的全面发挥带来影响，在不同的社会关系下，人们能力的实现方式也必然会有所不同。人的全面发展的实质就是个人能力在社会关系中的综合体现与扩展延伸，社会关系的发展程度在某种程度上决定了人的能力的发展状况：在社会关系中处于有利地位或取得统治地位的人，必然能够掌握更多的社会关系和社会资源，能够利用各种社会有利资源来推动自身能力的充分发挥，其能力的发挥必然相对顺利，其能力的实现程度也必然是相对较高的；而在社会关系中处于劣势与被动地位的人，其所掌握的资源与条件相对缺乏，其能力的发挥必然受到各方面的限制，自身的全面自由发展也必然会遇到各种障碍与阻力。

5. 教育的全面发展：实现人的全面发展的现实途径

教育是促进人的全面发展与促进社会进步的重要举措。每个人刚刚出生的时候，只是简单的自然属性的人，而随着人们的逐渐长大，社会关系与社会环境促使人由自然属性的人逐渐演变成为社会属性的人。在人实现由自然人到社会人转变的过程中，教育发挥了决定性的作用。人的生长发展过程离不开教育的熏陶，人们通过教育获得社会知识和科学知识，人们接受教育的过程就是实现人的全面发展的过程。马克思非常重视教育在人全面发展过程中的重要作用，在特定的社会历史条件下，把教育视作实现人全面发展的根本途径，并在《德意志意识形态》和《共产主义原理》两本著作中，全面阐述了教育与实现人的全面发展的辩证关系。马克思认为"工人要发挥一定的劳动能力，获得一定劳动部门的技能和技巧，就必须受到专业的培训和学习，即基础教育"①。恩格斯也指出,"通过教育,可使年轻人快速熟悉并掌握整个生产系统,根据社会需要和自己的爱好,在一个部门和另一个部门之间定期转换。因此,教育就促使他们摆脱分工造成的个人的片面性"②。他们认为,教育是从社会生活中单独分离出来的相对特殊的社会活动,教育不仅使人们能够掌握前人积累的社会知识与科学知识,并掌握特定的生活技能与社会技能,还可以促使人的体质与能力的全面发展提高,并能够促进人的个性的独特性发展。教育活动不仅促进人的全面发展的程度的加深,也实现了人类科学知识的代际传播,从而促进了社会的发展与时代的进步,本质上也促进了人的全面发展的社会化程度。那么,究竟应当如何通过教育活动全面促进人的体力与智力的综合发展,从而最大程度地发挥教育在实现人的全面发展中的作用?马克思通过分析人实现全面自由发展的客观规律,提出了两条具有实际操作性的对策。一方面,主张从青少年时期培养具备各种能力和综合素质的全方位人才,指出"未来教育对于所有达到一定年龄的儿童来说,是生产劳动与智商和体育的融合,是培养全面发展的人的有效的教育途径和方法"③。另一方面,主张学校教育与社会劳动全面结合,学校教育不能够脱离社会实践。马克思认为,这"不仅是提高社会生产的一种方法,而且是造就全面发展的人的唯一的方法"④。从以上可以看出,教育在实现人的全面发展的过程中发挥了重要的促进作用,任何方式都不能代替教育在实现人的全面发展中的作用。要实现人的全面自由发展,使人的全面自由发展实现最大化,必须高度重视教育在提高人的素质中的突出作用,加大对教育的投入程度和重视程度,全面提高教育质量,把教育的发展规律与人自身成长的规律

---

① 马克思,恩格斯. 马克思恩格斯选集[M]. 第 23 卷. 北京:人民出版社,1972:195.
② 马克思,恩格斯. 马克思恩格斯选集[M]. 第 1 卷. 北京:人民出版社,1995:243.
③ 马克思,恩格斯. 马克思恩格斯选集[M]. 第 23 卷. 北京:人民出版社,1972:529.
④ 马克思,恩格斯. 马克思恩格斯选集[M]. 第 23 卷. 北京:人民出版社,1972:530.

全面结合起来，并促进教育与社会劳动的全面结合，从而发挥社会与教育的合力，以确保实现人的全面发展。

从以上论述可以看出，马克思通过分析人类社会发展的客观规律，全面提炼和挖掘了人实现全面发展的重要条件，并把实现人的全面发展与社会进步结合起来，从而找到了实现人的全面发展的根本途径。

第二章
马克思人的全面发展理论在
中国的发展及其当代价值

实现人的全面发展的问题，不仅仅是一个理论问题，更重要的是一个社会实践问题。社会主义初级阶段的中国，正处于实现民族伟大复兴、全面建成小康社会的关键发展阶段，要不断促进物质文明、精神文明、政治文明、社会文明和生态文明的全面协调发展，全面推进中国特色社会主义和谐社会建设，是实现伟大中国梦的必然要求，也是摆在全中国人面前一个重要而紧迫的实践课题。实际上，全面建成小康社会的过程，就是推进人的全面发展的过程。

一、中国共产党人对人的全面发展理论的探索

马克思主义传入中国的过程，也是马克思主义人的全面发展理论在中国传播发展的过程。马克思主义人的全面发展理论与中国传统文化相结合，促使马克思主义人的全面发展理论不断得到丰富与发展。

1. 毛泽东关于人的全面发展的思想

作为党的第一代领导核心，毛泽东同志在中国革命和中国社会主义建设的探索过程中，深刻分析中国的现实国情，借鉴中国传统文化中关于人的全面发展的优秀成果，把马克思主义人的全面发展理论与中国的现实国情全面结合起来，适应了当时中国社会发展的历史需求，具有鲜明的时代特色，也与当时中国社会发展的特点相联系。一言以

蔽之，毛泽东主要是立足于政治和教育，从培养社会主义合格接班人的角度来谈论如何实现人的全面发展，把实现人的全面发展与推进社会主义建设全面结合起来。

一方面，从培养社会主义建设者和接班人的角度来谈论实现人的全面发展。在社会主义新中国成立以前，由于生产资料私有制的存在，人和人的关系主要是物的依赖关系，人依附于别人而存在或是被动地适应社会发展的需要，而无法按照自己的愿望实现自身的全面发展，也没有主动性和创造性。很多人由于没有占有生产资料，失去了实现个人生存和发展的主动权，无法接受社会教育，更无法按照生产力发展的需求实现自身的全面发展。只有少数占有生产资料的人，掌握着生存的主动权，能够享受到优质的社会教育，实现个人的全面发展。而社会主义新中国建立以后，社会主义公有制在全社会占据主导地位，人民翻身做主人，人人平等，已经摆脱和打破了旧社会那种不平等的人身依附关系。我们根据社会发展的需求实现人的全面发展，就是要培养适应我国建设的人才。这里的"人才"，主要指的是德、智、体全面发展的人。在中国的传统文化中，关于人的发展内涵经历了不同的历史演变过程。中国传统文化中一直注重"德行"在人全面发展过程中的重要性，在某种程度上有"轻智"的思想。鉴于此，毛泽东指出："我们所主张的全面发展，是要使学生得到比较完全的和比较广博的知识，发展健全的身体，发展共产主义的道德。"[①]这是中国社会主义建设的实际需要，也是中国传统教育思想的实际要求，其根本目标是使学生实现智力与体力的全面和谐发展。1957年，毛泽东把马克思人的全面发展理论贯彻于党的教育方针，明确提出了我国的教育方针："应该使受教育者在德育、智育、体育几方面都得到发展，成为有社会主义觉悟的有文化的劳动者。"党的教育方针只有严格贯彻马克思主义人的全面发展理论，才能够消除旧的社会分工所导致的人的片面发展的畸形现象，真正实现人的全面发展。按照毛泽东的说法，就是培养"社会多面手"。

① 共青团中央，中共中央文献研究室. 毛泽东邓小平江泽民论青少年和青少年工作[M]. 北京：中央文献出版社，中国青年出版社，2000：121.

　　另一方面，毛泽东在贯彻马克思主义人的全面发展理论时，提出必须实现教育同社会生产相结合。唯物史观认为，任何理论都来源于实践，只有经过实践检验，才能够得出正确的科学理论。学习科学文化知识不仅是实现人全面发展的重要途径，而且最终都要用来指导社会生产，为推动社会生产力的发展而服务。任何一个发明和创造，都必须来源于实践，并经过实践的检验。毛泽东把马克思主义人的全面发展理论贯穿于党的教育方针之中，通过发展社会主义教育，以确保实现人的全面发展。他强调社会主义教育的宗旨就是为社会服务，通过发展社会主义教育，提高广大劳动者的文化素质，从而达到提高社会生产效率的目标；要实现人的全面发展，必须实现社会主义教育与生产劳动的全面结合。他指出，无论是共产主义精神的培育和社会主义道德的建设，还是广大人民群众的德育、智育教育，都与社会主义劳动息息相关，"所以教育与劳动结合原则是不可异议的"①。毛泽东把马克思人的全面发展理论与中国社会主义建设的实际全面结合起来，适应了当时社会主义建设的实际；并用马克思人的全面发展理论来改造中国的传统教育，对中国的传统教育实现了继承性的批判创新，开创了中国社会主义教育发展的新局面；同时，也为进一步改进当时的教育方法、教育原则、教育途径提供了一种全新的思路。

2. 邓小平关于人的全面发展的思想

　　作为中国共产党的第二代领导核心，邓小平同志全面继承马克思人的全面发展理论的精髓，并在社会主义改革开放的时代背景下，发展和深化了毛泽东关于人的全面发展理论的内涵与外延。邓小平把马克思人的全面发展理论发展为"社会全面发展观"。邓小平的"社会全面发展观"不仅全面继承了马克思主义关于人的全面发展理论的精神实质，而且全面继承了毛泽东关于人的全面发展的思想，并根据中国对内改革、对外开放的实际国情，主要从改革开放和社会现代化实践的角度来全面阐述实现人的全面发展的问题。

---

① 共青团中央，中共中央文献研究室．毛泽东邓小平江泽民论青少年和青少年工作[M]．北京：中国青年出版社，2000：121．

（1）衡量人才质量的标准是德、智、体全面均衡发展。

人的全面发展问题是衡量社会发展和经济繁荣发展的重要指标，也是确保实现社会和谐发展的重要基础。在不断推进社会主义建设的实践中，尤其是党的十一届三中全会以后，在中国全面推行改革开放的社会政策，社会主义经济的迅速发展对实现人的全面发展提出了新的要求，实现人的全面发展逐渐成为党和国家高度关注的一个重要现实问题。对此，邓小平把马克思人的全面发展理论与中国改革开放的社会实践全面结合起来，深刻认识到人在推动社会生产力发展过程中的重要作用，全面认识到是否实现人的全面发展是事关中国社会主义改革开放成败的关键问题。邓小平要求在全社会形成一种尊重知识、尊重科学、尊重人才的良好社会氛围。邓小平还全面地继承和发展了毛泽东关于人的全面发展理论，并在社会主义改革开放的时代条件下，提出了要培育德、智、体全面发展的社会主义劳动者，并具体提出了把德育、智育、体育建设与社会生产全面结合的具体细则，使之更加具有操作性和现实性。这样"对于提高整个职工队伍的政治质量和科学文化素养，对于满足不同工种、职业的特殊要求，对于在青少年中以至在整个社会上造成人人向上、奋发有为、不甘落后的革命风气，都将发挥巨大的促进作用"①。邓小平也深刻指出，旧社会对广大人民群众的剥削压迫，使广大劳动者受到精神与肉体的双重压迫，丧失了实现全面发展的机会。在社会主义建设时期，社会主义生产资料公有制已经占据主导地位，人民群众成为社会的主人，每个人都获得了实现自身全面自由发展的公平机会，发展社会主义教育事业能够使劳动者掌握一定的劳动技能与技术，能够发挥人民群众在社会主义建设中的作用。邓小平充分认识到教师在实现人的全面发展中的重要作用，强调要加强教师队伍建设，做好教师的教育培训工作，注重提高广大教师的科学文化素质，调动广大教师培养新一代全面发展新型人才的积极性和主动性，全面发挥教师在提高人才培养质量中的重要作用。而广大人民群众作为社会的主人，获得了实现自身全面发展的机遇与条件，应该不断提高自身的素质，积极参与到社会主义建设的实践中

① 邓小平. 邓小平文选[M]. 北京：人民出版社，1983：106-107.

去，为社会主义建设做出更大的贡献。

（2）完善人的全面发展的基本目标是培育"四有"新人。

在社会主义新中国刚刚成立的时候，毛泽东对"新人"的内涵做出了明确的界定，这里的"新人"是指摆脱旧社会被剥削、被压迫状况的劳动者。在全面推进改革开放的时代背景下，邓小平根据社会主义现代化建设对人才的实际需求，提出大力加强社会主义物质文明与精神文明建设。物质文明是推动社会主义精神文明建设的基础，加强物质文明建设就是发展科学技术，不断解放和发展社会主义的生产力，不断提高社会主义社会生产力的发展水平。他指出：在社会主义的众多任务中，最根本的是大力发展生产力，从而在发展生产力的基础上体现出优于资本主义的优势，为实现共产主义创造物质基础。社会主义的本质是解放和发展生产力，消灭剥削，消除两极分化，最终达到共同富裕。①同时，邓小平突出了人在社会生产力发展中的主体性作用，强调人的智力发展对社会生产力的巨大促进作用。精神文明建设为物质文明建设提供智力支持与文化保障，而社会主义精神文明建设的重要目标就是培育"四有"新人。邓小平所提倡的"四有"新人是指培育有理想、有道德、有文化、有纪律的社会主义接班人和建设者，能够为社会主义建设添砖加瓦。邓小平非常注重突出德育与智育在"四有"新人培育过程中的重要作用，并强调只有树立共产主义的远大理想，才能克服各种困难，真正实现个人的全面自由发展；才能够确保人才培养的社会主义方向，不断培养为社会主义建设事业而献身的社会主义接班人。他指出："毫无疑问，学校应该永远把坚定正确的政治方向放在第一位。……这不仅不排除学习科学文化知识，相反，政治觉悟越是高，为革命学习科学文化就应该越加自觉，越加刻苦。"② 要培育"四有"新人，应该实现教育与社会主义实践的全面结合，把理论学习与生产实践全面结合起来，真正达到学以致用，把所学到的科学知识运用到社会主义建设实践中去。

总之，在我国社会主义初级阶段，大力推进社会主义改革开放的

---

① 邓小平．邓小平文选[M]．北京：人民出版社，1983：106-107．
② 邓小平．邓小平文选[M]．北京：人民出版社，1983：106-107．

时代背景下，应坚持社会主义的人才培养方向，把实现人的全面发展与推动社会主义建设全面结合起来，把强化人才队伍建设作为实现人的全面发展的第一要务，并把贯彻落实党的人才方针政策与调动人的积极性全面结合起来。

3. 江泽民关于人的全面发展的思想

作为中国共产党的第三代领导核心，江泽民同志在坚持改革开放的基础上，进一步深化改革开放，在中国发展社会主义市场经济，推动了社会主义生产力的繁荣发展，增强了中国的综合国力。在社会主义市场经济发展的形势下，江泽民继承和发展了前两代领导核心关于人的全面发展的思想。

江泽民根据社会主义市场经济发展对人的全面发展提出的新要求，全面地分析了人的全面发展理论的新内涵与新思想，认为人全面发展的内涵与社会生产力发展水平是相适应的，社会生产力的发展没有尽头，人的全面发展也是一个"逐步提高、永无止境的历史过程"。他在"七一"重要讲话中，把实现人的全面发展与实现党的基本路线与历史任务全面联系起来，从实现党的最低纲领与最高纲领相统一的角度，全面阐述和发展了马克思人的全面发展理论，体现了新时期中国共产党人对人的全面发展理论的新探索与新认识，也把马克思人的全面发展理论发展到一个新的历史境界和理论高度。可以说，在社会主义市场经济条件下，社会主义生产力的发展为实现人的全面发展提供了充足的物质条件。人民群众是社会主义社会的主体，实现人的全面发展是社会主义的本质要求。江泽民提出，努力促进人的全面发展是建设社会主义新社会的本质要求。他指出："我们建设有中国特色的社会主义的各项事业，我们进行的一切工作，既要着眼于人民现实的物质文化生活需要，同时又要着眼于人民素质的提高，也就是要努力促进人的全面发展。这是马克思主义关于建设社会主义新社会的本质要求。"①社会主义本质是指：解放生产力，发展生产力，消灭剥削，

① 江泽民.在庆祝中国共产党成立八十周年大会上的讲话[M].北京：人民出版社，2001：44.

消除两极分化，最终达到共同富裕。与资本主义相比，社会主义的优越性就在于不仅能够更大地促进社会生产力水平的提高，更能够保障所有劳动者都享有实现全面发展的各项权益。在资本主义社会，由于生产资料的资本主义私有制，资本家占有生产资料，工人阶级一无所有，为了维持自己的生存，工人必然到工厂去接受资产阶级的剥削和压迫。其具体表现为物对人的统治，资本成为人的"主人"。私有制的存在使得广大劳动者失去了实现个人全面自由发展的机遇与机会，劳动者的个人发展屈从于资本的需求，从而形成了所谓"商品拜物教""货币拜物教"。随着资本主义社会化大生产的发展，无产阶级摆脱了对资本主义的人身依附感，但生产资料掌握在少数资本家手中，资本家片面追求经济利益而忽视了劳动者的发展权益。社会主义社会代替资本主义社会是人类社会发展的历史必然，在这一历史阶段，生产资料公有制代替了资本主义生产资料私有制，从根本上消除了产生劳动异化的社会根源。当前，我国正处于社会主义的初级阶段，建立了以社会主义生产资料公有制为主体、多种所有制经济成分共存的所有制经济制度，广大人民群众真正成为社会的主人，能够享受到社会发展和经济发展带来的益处，能够真正为确保实现人的全面发展创造各种物质条件，使人的全面发展得到体现。

在社会主义市场经济条件下，江泽民充分重视教育和劳动的结合对实现人的全面发展的作用，并把实现教育与劳动的全面结合作为坚持社会主义教育方针的基本措施。广大劳动者要实现全面发展，必须参与社会实践，通过参与社会实践来获得理论知识。江泽民强调，"三个代表"重要思想是马克思主义基本理论与中国现实国情相结合的产物，也是中国共产党多年历史经验得出的科学结论，是中国共产党执政以来的经验总结和科学概括，对中国社会主义建设和实现人的全面发展具有重要的现实指导意义。中国共产党代表最广大人民群众的根本利益，其执政的根本目标就是最大限度地维护和实现广大人民群众的根本利益，促进和实现人的全面发展是"三个代表"重要思想的应有之义，必须通过不断发展社会生产力来促进人的全面发展。人的全面发展不仅是推动社会主义社会建设的基础，也是确保实现社会和谐发展的基石。随着社会主义市场经济建设的全面推进，必须把实现人的全面发展作为社会主义初级阶段的一项重要任务来贯彻执行，通过各种措施来确保实现人的全面发展，提高广大人民群众实现全面发展的程度，并通过人的全面发展来推动社会主义生产力的发展，实现人的全面发展与社会主义经济发展的和谐互动。

在全面建设社会主义市场经济的条件下，江泽民根据社会主义生产力发展的实际，进一步发展和阐述了邓小平有关"四有"新人的内涵。他把文化建设的核心浓缩为"努力促进人的全面发展"，并指出只有实现人的全面发展，不断提高广大人民群众的科学文化素质和思想道德水平，才能够不断推进社会经济文化的全面发展，不断充实和提高社会主义先进文化的水平，不断丰富广大人民群众的精神生活，为社会主义和谐社会的建设提供精神动力和智力支持。

4. 胡锦涛关于人的全面发展的思想

随着全球化进程的加深，中国的社会主义建设进入新的历史阶段，既面临着实现跨越式发展的历史机遇，也面临着巨大的历史挑战。胡锦涛在继承和发展江泽民提出的"三个代表"重要思想的基础上，根据中国共产党的十六大的会议精神，结合全球经济持续一体化发展的形势，依据我国社会主义初级阶段的基本国情，提出了科学发展观，丰富和发展了中国特色社会主义理论。科学发展观中指出我们应坚持以人为本的发展观，在促进经济增长的同时，保持社会的稳定发展。科学发展观要求在尊重自然规律的基础上实现科学发展，它并不是为了少数人的利益而发展，而是能够发展好、维护好最广大人民的根本利益，能够在发展中保障人民群众的政治、经济和文化等权益，让广大人民群众能够切实享受到经济增长的益处。胡锦涛提出科学发展观的第一要义是发展，要求各方面的全面性、协调性和可持续性的共同发展。坚持中国共产党在社会主义初级阶段的基本路线和中心点，在以经济建设为中心的基础上，推进政治、经济和文化的全面建设；认清我国城乡、区域、经济社会发展不协调的现状，争取缩小当前的城乡差距和区域差距，使发展保持科学上的协调性。同时，由于中国所处的社会转型期的特殊性，以及面临经济增长所带来的资源浪费和环境污染加重等问题，中国不能不转变经济发展模式，为经济的快速发展和人口、资源、环境问题之间的矛盾找到解决的途径，实现经济社会的可持续发展，保证每一代人都能够享受到可持续发展的好处。胡锦涛的科学发展观的提出丰富了马克思主义关于人的全面发展的理论成果。

（1）小康社会和社会主义和谐社会建设与人的全面发展相互促进。

胡锦涛在十七大报告中指出："科学发展观，是对党的三代中央领导集体关于发展的重要思想的继承和发展，是马克思主义关于发展的世界观和方法论的集中体现。"科学发展观指出，发展是第一要义，社会主义建设过程中出现的问题必须通过发展来解决，发展既能不断地推动社会主义现代化的建设，也能够实现人的全面发展，是两者前进的基础。人的全面发展是确保实现科学发展的核心，社会的全面发展又需要以人的全面发展为基础，而社会成员之间的和谐相处和发展是确保实现人全面发展的必要条件。我们必须不断地推进社会主义精神文明的建设，不断地推进全面建设小康社会的前进步伐，培育和发展社会主义的先进文化，用中国特色社会主义的理论成果来推动社会的发展，为实现中华民族的伟大复兴凝聚力量，全面贯彻落实科学发展观，实现人的全面发展。争取把中国建设成人民富裕程度普遍提高、生活质量明显改善、生态环境良好、人民享有更加充分的民主权利、具有更高文明素质和精神追求、社会更加充满活力而又安定团结的文明社会，实现人的全面发展。

（2）人的全面发展的核心是提高全民族的整体素质。

在经济全球化发展、科技日新月异的新形势下，胡锦涛根据时代发展的要求，提出了科学发展观，重新诠释了马克思关于人的全面发展的理论，将实现人的全面发展和民族整体素质的全面提高结合起来，认为人民全面发展的程度如何不仅仅关系到国民素质的提高，也关系到中华民族的伟大复兴。胡锦涛强调"把尊重人民首创精神同加强和改善党的领导结合起来""把发展社会生产力同提高全民族文明素质结合起来"，重申党的基本宗旨仍然是全心全意为人民服务，中国共产党领导全体人民不断推动社会主义建设的根本目标就是满足广大人民群众的物质文化需求，实质上就包括确保每一个社会成员的全面协调的发展。"要始终把实现好、维护好、发展好最广大人民的根本利益作为党和国家一切工作的出发点和落脚点，尊重人民主体地位，发挥人民首创精神，保障人民各项权益，走共同富裕道路，促进人的全面发展，做到发展为了人民、发展依靠人民、发展成果由人民共享。"他认为"实现人的全面发展与提高中华民族的民族素质是辩证统一的关系，在社会发展的过程中实现人的全面发展，这是提高全民族的整体素质的根本途径；社会的发展进步与实现人的全面发展呈现出辩证关系，存在相互促进、相互影响的关系"。只有立足于实现每个人的全面发展来提高民族的整体素质，才能够切实推进和实现人的全面发展。只有实现人的全面发展，才能够调动社会成员投入到社会经济发展的热情和积极性，而全面建成小康社会将更加能够推动人全面发展。

（3）实施素质教育是推进人的全面发展的重要途径。

在科技时代，教育是推进和实现人的全面发展的主要途径。胡锦涛曾强调过：要全面重视教育在经济社会发展中的作用，要全面贯彻党的教育方针，坚持育人为本，德育为先，大力实施素质教育，贯彻现代教育理念，提高教育的现代化水平，为社会主义建设培育德、智、体、美全面发展的社会主义建设者和接班人。在这里，胡锦涛根据社会经济快速发展的实际，特别是知识在社会经济发展中发挥的作用越来越大的现实，发展和深化了人的全面发展的内涵与新意，强调把培养德、智、体、美全面发展的人才作为学校教育的终极目标。在德、智、体全面发展的基础上，又增加了"美"的科学内涵，从而丰富和发展了人的全面发展的内容，使人全面发展的内涵更加切合时代发展的需求；并指出在社会主义初级阶段实现人的全面发展，其基本目标就是培养社会主义的接班人和中国特色社会主义事业的建设者。胡锦涛注重教育的施行，通过"教育公平"和"均衡发展"等策略来提高全民族的整体素质和道德文化水平。他也认为"坚持育人为本、德育为先、实施素质教育"是实现人的全面发展的重要措施。在社会主义发展的初级阶段，坚持以经济建设为中心，发展生产力，为实现教育的发展提供更多的资金与物质支持，通过不断提高社会主义教育的发展水平，来推动人全面发展的程度与水平。实现人的全面发展不仅是社会主义建设的根本要求，也确保广大人民群众能够享受到社会经济发展所带来的益处，有利于调动群众建设社会主义事业的积极性，促进人的全面发展目标的实现。

二、党的十八大以来关于人的全面发展理论的探索

随着知识经济时代的发展，特别是网络技术的发展和普及，对人的全面发展又提出了新的要求，拓展了人全面发展的内涵与外延。党的十八大根据当前社会经济发展的新要求，明确地把促进人的全面发展纳入中国特色社会主义道路的内涵。建设中国特色社会主义的目标就是在促进广大人民群众的全面发展的同时，让他们能够有机会享受到社会经济的发展所带来的成果；同样地，促进和实现人的全面发展也是推动中国特色社会主义建设的重要途径。中国特色社会主义制度是立足于中国现实国情的选择，中国社会主义革命的历史与现实证明，中国特色社会主义"是发展中国、稳定中国的必由之路"①。同时也是"实现我国社会主义现代化"和"创造人民美好生活"的必由之路。②意味着促进和实现人的全面发展是我党的基本的价值追求，同时也为我国全面建成小康社会、实现民族伟大复兴的中国梦提供巨大的动力支持。

1. 实现了人的全面发展中国化的新飞跃

党的十八大根据社会经济发展的新要求，将科学发展观作为党长期坚持的根本指导思想，把科学发展观作为中国共产党执政为民和治国理政的行动指南，这充分表明了党充分认识到科学发展观对中国社会发展的理论指导意义与现实意义。人的全面发展思想是科学发展观的有机组成部分，实现人的全面发展是中国特色社会主义理论的根本

① 习近平. 习近平谈治国理政[M]. 北京：外文出版社，2014：8.
② 习近平. 习近平谈治国理政[M]. 北京：外文出版社，2014：9.

归宿和最终的落脚点，同时也是衡量全面建成小康社会的重要目标和根本标志。①习主席曾经说过："广大青年要坚持面向现代化、面向世界、面向未来，增强知识更新的紧迫感，如饥似渴学习，既扎实打牢基础知识又及时更新知识，既刻苦钻研理论又积极掌握技能，不断提高与时代发展和事业要求相适应的素质和能力。"②当前中国发展进步的最终出发点和价值归宿就是最终实现人的全面发展，从制度设计方面来说，一系列由制度、体制、机制所构成的中国特色社会主义制度体系是"中国发展进步的根本制度保障"③。

要实现人的全面发展，必须把实现人的全面发展与全面建设小康社会的社会实践全面结合起来，在认真贯彻学以致用的原则的同时，也要贯彻群众路线，深入基层、深入群众，在社会的特殊转型期，保持社会主义现代化建设中的正能量，在复杂的社会环境中摆正身姿，掌握扎实的知识理论，努力在多重压力中成就自身目标，成就栋梁之才。党的十八大报告指出："必须更加自觉地把以人为本作为深入贯彻落实科学发展观的核心立场，始终把实现好、维护好、发展好最广大人民根本利益作为党和国家一切工作的出发点和落脚点，尊重人民首创精神，保障人民各项权益，不断在实现发展成果由人民共享、促进人的全面发展上取得新成效。"④这深刻地表明了：要把实现人的全面发展作为我党奋斗的终极目标，只有实现人的全面发展，才能够不断夯实党的群众基础，才能够确保经济社会发展的成果真正惠及到广大人民群众，才能够确保实现社会发展的长治久安，才能够确保社会的全面和谐发展。

2. 进一步丰富了人的全面发展的基本内涵

随着社会经济发展进入新的历史时期，中国共产党把提高社会经济发展水平，为实现人的全面发展创造物质基础作为重要的工作目标。

① 习近平. 习近平谈治国理政[M]. 北京：外文出版社，2014：123.
② 习近平. 习近平谈治国理政[M]. 北京：外文出版社，2014：11.
③ 习近平. 习近平谈治国理政[M]. 北京：外文出版社，2014：13.
④ 本书编写组. 十八大报告辅导读本[M]. 北京：人民出版社，2012：9.

中国共产党充分认识到生态文明建设在实现人的全面发展过程中的作用，党的十八大把生态文明建设同经济建设、政治建设、文化建设、社会建设都纳入到了中国特色社会主义建设的整体布局中，形成了"五位一体"的总体布局。①党的十八大报告中指出："中国特色社会主义道路，就是在中国共产党领导下，立足基本国情，以经济建设为中心，坚持四项基本原则，坚持改革开放，解放和发展社会生产力，建设社会主义市场经济、社会主义民主政治、社会主义先进文化、社会主义和谐社会、社会主义生态文明，促进人的全面发展，逐步实现全体人民共同富裕，建设富强民主文明和谐的社会主义现代化国家。"②建设生态文明，让广大人民群众享受到碧水蓝天，是关系到提高人们群众生活质量与生活水平，是实现人的全面发展的重要内容。而人的全面发展，终究离不开社会生产力的发展，也离不开物质生活的充足条件，所以，自然也离不开生态环境。因此，人的全面发展必须立足于实现人与自然全面的、和谐的发展，不能够把实现人的全面发展与实现自然环境全面发展对立起来，人与自然不能够和谐相处，超过自然环境所承受的极限，必然受到自然规律的惩罚。近几年来，党和政府贯彻落实科学发展观，采取切实有效的措施来保护生态环境，取得了巨大的成果。然而，生态环境恶化的趋势并没有从根本上被遏制住，水、空气、土壤等环境污染的现象仍然很严重，尤其近几年来的雾霾天气，给人民群众的身体健康和生活带来了严重的威胁。在这种环境不断恶化的条件下，人类的身体健康得不到保障，人的全面发展也就失去了最终的价值和意义。中国特色社会主义道路是一条"逐步实现全体人民共同富裕""促进人的全面发展"的道路，只有坚持中国特色社会主义理论的指导，贯彻落实科学发展观，大力推进社会主义生态文明建设，切实降低对自然环境的过度利用，发展资源节约型经济，对自然资源的利用效率不断提高，强化环境治理和生态维护，把生态文明建设同实现人的全面发展、民族振兴的高度来推进，把实现社会的和谐

---

① 本书编写组．十八大报告辅导读本[M]．北京：人民出版社，2012：9．

② 本书编写组．十八大报告辅导读本[M]．北京：人民出版社，2012：12．

发展作为生态文明建设的终极目标，在更大程度、更大范围内推动人
的全面发展。

3. 全面建成小康社会为实现人的全面发展提供了可能

党的十八大报告指出，必须坚持维护社会公平正义。①这种公平正
义是促进人的全面发展的必然要求，体现在人们的社会交往关系中，
与社会性质紧密相连。在生产资料私有制占主导地位的资本主义社会，
由于私有制存在导致的社会不公平，每个人不能够享有实现个人自由
全面发展的机遇，每个人的发展受到资本的限制，每个人牺牲自己全
面发展的机会来服从资本的控制，公平的社会环境也是徒有虚名的。
恩格斯曾经指出，在资本主义社会，由于私有制的存在，富人和穷人
不可能享受到法律事实上的一致平等，资本主义社会的平等和公平是
虚伪的，是私有制所有者的平等。在社会主义社会，由于消灭了私有
制，建立了以公有制为主体的多种所有制经济，人民群众成为国家的
主人、生产资料所有制的主人，每个人都享有实现个人全面发展的平
等权利，也因此解决了不平等问题产生的经济根源。诚然，我国目前
正处于全面建成小康社会的关键时期，虽然在经济、政治等的建设方
面取得了显著的成绩，但地区发展不平衡、经济发展与自然环境发展
不协调等问题依然突出；城乡经济发展差距和社会贫富之间的差距依
然较大；在环境、就业、民生、医疗、社会保障等与广大人民群众生
活息息相关的领域问题较多。这些问题的存在严重阻碍了人的全面发
展，并对实现人的全面发展程度带来了严重的障碍。党的十八大注重
和突出强调公平正义理念对社会经济发展的重要作用，并把实现公平
正义作为衡量社会文明程度的重要标志，从政治制度设计上为确保实
现人的全面发展提供了政治支持，公平正义的社会环境是确保实现人
全面发展的基础。没有公平正义的社会环境，就不会实现人的全面发
展。十八大报告指出："要在全体人民共同奋斗、经济社会发展的基础

---

① 本书编写组．十八大报告辅导读本[M]．北京：人民出版社，2012：
15．

上，加紧建设对保障社会公平正义具有重大作用的制度，逐步建立以权利公平、机会公平、规则公平为主要内容的社会公平保障体系，努力营造公平的社会环境，保证人民平等参与、平等发展权利。"①权利公平，从根本上是指任何公民都享有生存和发展的权利，任何人不会因为性别、职业、财产、出身等的不同而享有不同的权利，任何人都享有通过社会发展实现个人全面自由发展的权利，实质上，也就是每个公民的合法权利都应该受到法律的保护，因此，任何人和组织都不能够剥夺一个公民所享有的权利，实现和确保每个人的全面自由发展是公平正义社会的重要标志。而机会平等，指每个社会成员都有平等地生存和实现个人发展的机会，能够平等地参与到社会的各项事情中去，也能够平等地享受到社会经济发展给人们带来的益处。近年来的发展趋势表明，机会的公平也并不是导致结果公平的唯一原因，但是我们知道，机会的不公平肯定会导致结果的不公平，机会公平是确保每个人实现全面自由发展的前提。规则公平是指在规则面前人人平等，每个社会成员都受到同样规则的约束，任何人在规则面前没有特权。习近平指出："中国梦是民族的梦，也是每个中国人的梦。"建设公平正义的社会是确保实现人的全面发展的根本，只有建设公平正义的社会，才能够为实现人的全面发展创造宽松的社会环境，才能够促使每一个社会公民能够公平竞争，通过公平竞争享有社会经济发展提供的机会，才能够最终确保结果的社会公平。

中国梦作为亿万中国人民的呼声，其内在价值归宿所指向的就是沿着中国特色社会主义道路"创造人民美好生活，……促进人的全面发展"②。党的十八大以来，以习近平同志为核心的党中央接过历史的接力棒，将"人民对美好生活的向往"③作为不懈奋斗的目标。同时，在推动中国社会继续向前发展的历史征程中，坚持马克思主义对人类未来美好社会的追求，围绕着人的美好生活和人的全面发展而确定发

---

① 本书编写组．十八大报告辅导读本[M]．北京：人民出版社，2012：15．

② 习近平．习近平谈治国理政[M]．北京：外文出版社，2014：9．

③ 习近平．习近平谈治国理政[M]．北京：外文出版社，2014：3．

展目标，制定发展政策，开展各项工作，围绕着广大人民群众当下的现实利益和发展的长远利益而制定发展战略，人民群众的所思所想所急所望就是党的一切工作的出发点和最终落脚点。

三、马克思关于人的全面发展理论的当代价值

在革命、建设、改革的各个历史时期，中国共产党始终重视人的全面发展问题，把实现人的全面发展问题作为各个时期工作的重点，把实现人的全面发展看作实现伟大民族复兴的希望，把当代青年的全面发展作为关系到党和人民事业发展的重大社会问题，从来都支持个人的全面发展，在人民的伟大奋斗中实现自己的人生理想。

1. 实现了人的全面发展的历史性推进

从人类社会发展的历程来看，马克思关于人的全面发展理论具有与时俱进的特性，在社会发展的过程中不断得到丰富和发展，对中国特色社会主义理论和人的全面发展事业起到了理论指导作用，并不断应用到中国社会主义教育事业的发展进程中。从毛泽东的发展观到邓小平的全面社会发展观，到江泽民的社会与人的全面和谐发展观，再到胡锦涛"以人为本"的科学发展观，最后到习近平的"四个全面"发展战略思想，是一个不断发展与历史扬弃的过程。既是对前人理论的继承与创新，又是对时代发展的完善与创新。在中国特色社会主义建设的过程中，它不仅全面推动了中国特色社会主义物质文明、精神文明、政治文明、社会文明和生态文明的发展进程，同时也将人的全面发展提升到一个新的历史高度，不断完善和创新了马克思关于人的全面发展思想，并使其始终保持科学性和时代性。

在网络信息技术占主导地位的 21 世纪，科学技术在社会发展中的作用越来越突出，缩短了全球各个地区之间的空间距离，也缩短了交往所需的时间。全球化趋势进一步加强，各个国家和地区之间的联系日益密切，地球已经逐渐演变为地球村。科学技术的迅猛发展为实现人的全面自由发展创造了优越的条件和良好的机遇。当今世界的复杂

形势，也必然使人的全面发展面临更为严峻的挑战与威胁。在这样的形式之下，要实现人的全面发展，必须根据科学技术发展的新形势来理解和分析人全面发展的内涵与价值，充分利用科学技术与时代发展所带来的机遇，把人的全面发展程度推向新的历史高度。这就要求我们在坚持中国特色社会主义理论的指导下，充分利用中国社会主义制度所具有的条件与机遇，实现自身全面和自由的发展，把个人的全面发展、个人能力的提高与中国特色社会主义实践全面结合起来，在全面建设小康社会的进程中实现自身的价值，为实现伟大民族复兴的中国梦添砖加瓦。

2. 为人类研究各种问题提供了方法论依据

马克思人的全面发展理论是对人类社会发展经验的概括与总结，它继承和发展了各种人学理论，从而对人的全面发展问题提供了科学的指导思想，具有方法论的意义。马克思认为，人的存在是社会存在的一种主要形式，人的存在主要包括个人、群体和人类等三种存在形式。根据唯物史观的基本理论，社会存在决定社会意识，要全面和科学地探索人的全面发展问题，必须从个体、群体和人类等三种角度来考察人的全面发展问题，这样才能得出经过社会实践检验的具有真理性的科学论断。

根据马克思人的全面发展理论，人与动物在社会生产、生活条件上有着本质区别。人是有思维和主观意识的高级动物，可以利用自己的聪明才智来制造和生产工具，利用各种社会关系进行交换与社会交往，并根据自己的兴趣爱好来实现自身的全面发展，根据自己发展的实际需要来改善社会环境和提高自身的技能素质。没有人类社会环境与社会物质条件，人类就无法实现自身的全面发展。要实现自身的全面发展，使个人的全面发展达到历史的新高度，就必须立足于特定的社会物质条件。没有特定的社会物质条件，就无法实现人的全面发展。社会生产力的发展与人的全面发展是相互促进和相互依赖的辩证关系。

根据马克思人的全面发展理论，人的全面发展是一个辩证发展的长期的历史过程。社会生产力的发展是没有尽头的，人的全面发展程度也是永无止境的。社会环境能够促进人的全面发展的程度与水平，不同的社会环境对人的全面发展程度的影响是不同的。这一方法论能够深刻地指导对人的全面发展的内涵与价值的全面研究。这是因为，随着时代的发展，人类自身的素质与能力不断得到提高与发展，人类发展过程中的弊端也不断涌现出来。当前，人的异化、人道主义、人的生产方式已经成为讨论的热点问题，也是人类研究自身发展过程必然要经历的阶段。只有根据社会经济发展的实际，确立正确的、科学的研究方向，才能实现人的全面发展；否则，就会因为受到视角的限制，使人的发展走向片面的结果。

3. 对社会主义精神文明建设具有借鉴意义

人实现全面发展的过程就是充分发挥个体主动性和能力的过程。社会经济的全面发展必然会不断扩展个人发展的程度与需求的深度，个人的生活环境也不断发生变化。在这种情景下，个人能否处理个人发展与社会需要的关系，能否实现个人与社会的和谐发展，个人能否成为对社会发展有价值的人，个人的发展能否满足社会发展的需要，个人的发展能否满足社会经济发展的需求，便成为不得不追问的问题。而个人的潜能主要是由个人利用社会提供的物质条件来开拓与发展的。因此，随着社会发展形势的不断变化，要实现自身的全面发展，必须学习和掌握先进的科学技术和现代理念，不断丰富和发展自己的精神世界。在实际社会生活中，必须高度重视人的实际需求，根据经济发展的实际需求和人民群众的自身愿望，重视培养社会成员的各种能力。要创造条件，不断挖掘人的发展潜力，培养和丰富人的个性，使人民群众的精神世界丰富多彩。随着西方社会思潮的大肆传播，中国的传统文化受到西方文化和世界现代文化的双重冲击，不仅导致了社会意识形态多元化，也对人民群众的精神世界造成冲击。人民群众世界观的转变必然导致价值观的变化，特别在新媒体技术兴起以后，一些庸俗文化、西方腐朽文化借助现代网络载体大肆传播，必然对社会主义主流意识形态造成巨大冲击。拜金主义、享乐主义、奢靡主义等消极文化对广大人民群众特别是青少年的世界观产生巨大的冲击，容易导致社会主义信仰的缺失，引导整个社会走向奢靡之风，使整个社会变得更加浮躁，造成人文素养的缺失。因此，要使社会焕发出勃勃生机，必须大力加强社会主义先进文化建设，巩固社会主义主流意识形态，为实现人的全面自由发展奠定基础。

4. 推进中国的教育改革和发展

教育是推动人实现全面发展和社会发展的车轮，没有教育的繁荣发展，就无法实现人的全面发展。在社会主义市场经济快速发展的今天，培养适应知识经济时代的高素质人才，必须把教育摆在优先发展的战略地位。教育为全面建成小康社会和伟大民族复兴中国梦的社会实践服务，要培养全面发展的社会主义新人，必须建设具有中国特色的社会主义教育。马克思人的全面发展理论为新时期深化教育改革提供了理论指导和方法论的指导。

党和政府要高度重视教育在国民经济中的突出作用，把贯彻马克思人的全面发展理论与社会主义教育改革全面结合起来，把教育改革和优先发展教育作为党和政府的工作重点，把优先发展教育作为振兴中华民族的一项基本国策，全面推动我国教育事业的发展和改革。各级政府部门都要重视教育对经济发展的促进作用，将促进人全面发展的"以人为本"上升到教育方针的高度，尽可能地创造一切条件促进教育的改革与发展。根据社会经济发展的实际需求，贯彻落实"以人为本"的教育方针，不断深化教育改革；因材施教，根据不同地区的差异制定切合实际的教育方针与政策。尽最大的力量为实现人的全面发展提供优质的教育环境，办人民满意的教育，培养符合全面建成小康社会要求的高素质人才，最终实现提高全民族的科学文化素质和道德素质。马克思认为，要实现人的全面发展，必须把人的全面发展与社会实践相结合。在全面建成小康社会的关键时期，必须大力实施素质教育，强化社会实践环节在教育育人中的突出作用，为中华民族的全面复兴培养优秀的可用人才。只有强化教育繁荣发展的根基，才能够为社会主义市场经济的发展提供高素质的优秀人才，才能够推动国民经济和社会的科学持续发展，才能够实现伟大民族复兴的中国梦。

把促进教育繁荣发展作为社会发展的重点，全面推动教育事业的改革发展，将教育提升到关系民族振兴的国家战略层面，就要求我们把教育同经济、社会、文化、生态等社会建设全面结合起来，制定一个全面协调、和谐的教育发展规划。一方面，应该树立注重培养全面发展高素质人才的教育观，制定切合中国现实国情的教育方针、政策，以"四个全面"发展战略思想来指导教育的发展；另一方面，在贯彻党的教育方针、政策的具体社会实践中，应当根据全面建成小康社会的实践，根据社会经济发展的实际需求，贯彻落实"以人为本"的教育教学方针，培养为中国特色社会主义服务的高素质人才。例如，在强化基础教育发展的同时，必须根据社会经济发展的实际需求，大力发展职业教育、专业教育和高等教育，为社会经济发展培养多种模式的高素质人才；并针对各类教育、各种层次教育的不同，制定不同的教育方针与政策，分类指导，充分发挥各种层次教育在促进人全面发展过程中的作用，从教育的角度提升人全面发展的能力与水平。只有在全社会办好让人民满意的教育，才能够切实推动人的全面发展。

当前，我国正处于全面建成小康社会的关键时期，人的全面发展问题仍是要继续解决的关键问题，只有通过发展教育，培养适合社会发展需求的高素质人才，才能够全面推动小康社会的建设进程。教育是推动人全面发展的重要途径，必须根据人全面发展的客观规律，全面深化教育体制改革，制定有利于实现全面发展的方针和政策，在教育的改革发展中，不断地深化和完善教育体系的建设，在改革中发展教育，从而更好地发挥教育在促进人全面发展过程中的作用。

要实现人的全面发展，就要大力弘扬社会主义的先进文化，注重文化软实力的发展和传播，深化文化体制和体系的改革，努力建设先进的文化，以推动社会主义主流文化的大发展、大繁荣，增强全民族文化创造的活力，推动文化事业全面繁荣、文化产业快速发展，不断丰富人民的精神世界、增强人民的精神力量，不断增强文化整体实力和竞争力，努力朝着社会主义文化强国的目标不断前进。[①]只有建设社会主义文化强国，才能够为实现人的全面发展创造良好的社会环境，才能够真正促进人的全面发展。

---

① 习近平. 习近平谈治国理政[M]. 北京：外文出版社，2014：160.

第三章
马克思的需要理论与实现人的全面发展

　　需要范畴是马克思主义理论大厦的基石，也是考查和分析马克思人的全面发展理论的根本出发点和逻辑起点。在社会生产实践过程中，人根据自己在社会生活中的感受，结合社会发展的实际，不断改造自己的需要，把实现自身的全面发展同自己的实际需要结合起来。人不断实现自身全面发展的过程就是自身需要不断得到满足的过程，自身需要的满足程度的不断提升也意味着人自身全面发展不断得到实现。马克思的唯物史观充分理解和重视需要在人与社会历史发展活动中的决定地位和根本作用。"需要在某种程度上是人为了维持自身生存与发展而对物质生产资料和精神生活条件依赖关系的自觉反应。"①马克思把人的需要作为唯物史观的一个重要理论范畴和理解唯物史观的一把钥匙，也是唯物主义史观保持真理性价值和人实现自身价值的根源。人的需要不断得到实现和满足的过程就是全面建成小康社会的过程，理解和重读唯物史观需要理论的内涵及其当代价值，对我们当前贯彻"四个全面"发展战略具有重要的现实借鉴意义。

一、唯物史观关于需要在社会发展中的地位和作用的认识

　　劳动是理解全部人类社会发展史的一把钥匙。马克思始终坚持用生产劳动来阐明需要的理论内涵与应用价值，特别是在资本主义发展

---

　　① 马克思，恩格斯. 马克思恩格斯全集[M]. 第 2 卷. 北京：人民出版社，1979：164.

的成熟时期，通过深入理解分析资本主义社会形态的内部结构及其经济的细节，从特定社会的、特定阶段上的生产出发，通过用一定社会的生产关系的四个环节（生产、交换、分配、消费）的相互联系、相互作用来阐述需要理论的深刻内涵，并深入分析需要理论对特定社会生产关系发展的重大促进作用，需要理论由此获得了鲜明的实证科学的精神特征。与此同时，马克思的唯物史观科学地阐释了伴随着生产力的高度发展，必须通过实现社会公平和消灭旧式分工来不断满足人的高层次需要，实现人的全面发展也是人在社会发展中的高层次需要。马克思从科学和哲学两个方面论证了社会主义是人类社会发展的必然趋势。

1. 需要是人类社会发展状况的一种标志或体现

唯物史观的需要理论认为，人不仅是根据自身的发展创造新需要和需要不断被满足的主体，同时也是通过促进需要不断被满足的社会实践活动来推动人类社会历史前进的主体。马克思说："历史什么事情也没做，创造这一切、拥有这一切并为这一切而斗争的，不是'历史'，而正是人，现实的、活生生的人。'历史'并不是把人当作达到自己目的的工具来利用的某种特殊的人格。历史不过是追求着自己目的的人的活动而已。"[①]这就决定了我们不仅要立足于人的生物性特征和人的社会实践活动，还要立足于整个人类社会发展历史的宏观视野来考察人的需要。只有根据人类社会发展的状况，才能理解人的需要得到满足的历史性和阶段性特征，人的需要得到满足的状况是生产力发展程度的一种体现。只有如此，我们才能理解需要范畴的全部意涵和实质内容，并充分认识到它在人类社会历史发展中的推动作用——在某种程度上，需要是人类社会发展的内在驱动力。事实上，马克思也正是在人的需要与社会历史之间的互释中创立和完善了唯物史观。人的生产虽然是为了需要的消费，但不仅仅是直接为了肉体需要的支配，而是以非物质需要的精神劳动的方式进行物质生产，从而通过对需要理

---

① 马克思，恩格斯. 马克思恩格斯全集[M]. 第 2 卷. 北京：人民出版社，1957：118-119.

论的阐述明确了马克思主义唯物史观的根本内容与精神实质。

　　人是劳动的产物，劳动是满足人类需要的一种社会实践活动。"有生命的个人的存在无疑是全部人类历史的第一个根本前提。因此，第一个需要确认的事实就是这些个人的肉体组织以及由此产生的个人对其他自然的关系。"①生产和满足自身肉体的需要是直接统一的，生产本身就是满足需要的消费，这里的"个人的肉体组织"即指具有生命性特征的个人，人作为有生命的肉体组织的存在，就必然与外部自然发生关系。"个人对其他自然的关系"也就是具有生命性特征的个人为实现自身的生存和发展，必然通过生产实践与自然界进行物质、能量和信息的交换。马克思通过考察原始社会中人的历史关系因素来阐述需要在社会发展中的重要推动作用："人类为了维持自身的生存与发展，首先就需要吃喝住穿以及其他一些物质生活资料。因此人类从事的第一个生产实践活动就是生产满足这些需要的物质生活资料。在第一个需要已经得到满足的前提下，人类根据满足需要的社会实践活动和已经获得的为满足需要而用的工具提出和引起新的需要，从而又开始从事使这种新的需要得到满足的社会实践活动。"②这些科学论断充分证明，人类通过追求新的需要以及为满足需要而不断地从事生产劳动，推动着人类社会的发展；需要是推动人类社会不断向前发展的根本前提和重要因素。因此，这一最简单、最基本的事实的全部意义和全部内容都得到任何历史观的注意和高度重视。从某种意义上可以说，已往的历史观没有对这一基本事实给予应有的关注和重视，从而陷入唯心主义的窠臼。而马克思主义唯物史观始终坚持把人的存在和人的需要作为根本出发点，认为需要是人类社会发展状况的一种体现和标志，并把自己的历史观牢牢奠基于这一基本事实之上，认为满足需要的客观物质实践活动既是一种主观改造客观的活动，又体现了人需要的存在方式，从而奠定了唯物史观的客观性和真理性，并最终明确了需要范畴在人类历史发展中的应有内涵。

① 马克思，恩格斯．马克思恩格斯选集[M]．第 1 卷．北京：人民出版社，1995：67．
② 马克思，恩格斯．马克思恩格斯选集[M]．第 1 卷．北京：人民出版社，1995：78-79．

2. 需要是推动人类社会变革的直接动力源泉

生产力的发展以及自身的发展引起生产力与生产关系的矛盾，并导致生产关系和上层建筑的不断变革，从而推动社会生活的变化与发展，人类社会变革最终通过人的需要和人为了满足需要所进行的活动表现出来。需要成为生产力和生产关系影响社会生活的中介。如生产力同生产关系的矛盾在社会生活中表现为：由于生产关系阻碍了生产力的发展，使得社会不能满足人们日益增长的需要，并阻碍人的高层次需要的产生。人为了满足自身需要便变革旧的生产关系，建立新的生产关系，促使生产力焕发生机与活力；人的需要得到满足，并促使新的需要不断产生。生产关系的变革在某种程度上就是社会革命。可见，需要是社会革命产生的根源，是推动人类社会发展的直接动力源泉。

马克思明确指出，人的需要不仅是人的一切活动的原始动力，也是人的一切活动的内在目的。在唯物史观看来，人的需要不仅是维持自身生存发展的需要，也是驱使人从事生产劳动的最终动因和目的。需要是指对个体维持自身在社会中的生存与发展所需的产品的需要。随着时代的不断发展和进步，需要的内容和方式也日渐呈现出多元化和复杂化。马克思曾明确指出，通过生产劳动从自然界取得一定的物质产品，实现生存和发展的基本物质生活需要，是人类生存和发展的基本前提。马克思在《资本论》中指出："像野蛮人为了维持自己的生存而提出自己的需要，必然通过与自然进行斗争满足自身的需要一样，文明人也必须这样做维持自身的生存与发展。"①以人与自然的关系为前提的社会物质生产不但是科学文化产生的基础，也是人类需要不断得到满足和实现的基础。人们首先必须能够生存，才能够创造历史。在人与自然的辩证关系中，与动物的直接需要不同，人的特殊需要不能直接从自然界之中得到满足，而必须通过从事一定的社会生产活动去改变自然界，以满足自身的需要。如果生产实践活动达到了预定目的，满足了人类自身的需要，使得主客体的矛盾得到统一，便会在此基础上产生新的需要，新的主体和客体对立统一的过程又开始了，人

① 马克思，恩格斯. 马克思恩格斯全集[M]. 第 25 卷. 北京：人民出版社，1979：926.

类无穷尽的需要促使生产实践活动不断进行下去。由此可知，需要是人类不断进行生产劳动的内在驱动力，并促使人与自然的实践辩证关系在一定社会关系中得到内化。人的需要和自然社会的矛盾，人的需要得到满足的状况与人类社会发展的实际状况，是社会发展过程中相伴生的一个永恒矛盾，这一矛盾是促使人类社会变革的直接动力源泉，它促使上层建筑和生产关系不断发生变革，并建立相互适应的新生产关系和上层建筑，从而推动人类社会不断向前发展。

3. 需要是人的本质在社会发展过程中的具体体现

人的生命活动的内在依据是自身的需要，人的本质力量就是通过从事社会实践活动来最大限度地满足自身生存发展需求的力量，即人的需要得到实现的力量。在某种程度上，人的实践活动就是满足自身需要的本质力量，但人的实践活动是离不开一定的社会关系的，它受到特定的社会关系的制约。"人通过从事劳动满足了自身的需要，从而使人的本质通过需要物化或体现出来，同时也创造了与另一个人的本质的需要相符合的物品。"①可见，在唯物史观看来，人的本质力量必须通过需要得到满足的对象性活动来得到实现和确认，在社会实践过程中，人的本质与人的需要具有同一性的特征，人的需要必须既符合社会发展的特定条件，又要超越社会发展所提供的特定条件，从而调动人们从事实践活动满足自身需要的积极性。"任何人如果不同时为了自己的某种需要和为了这种需要的器官而做事，他就什么也不能做。"②人的立足于满足自身需要的社会实践活动，只有在有需要并确定有特定对象的情况下，才能够得以开展和实施。人自身的需要使得人的本质力量凝聚于对象之中，并通过改造对象来满足自身不断发展的需要。人的需要在本质上是自然与社会、物质与精神的统一。在人的对象性活动中，人通过自己的实践活动，以不同方式来加工改造自然界的对象，使之成为满足人的各种需要的价值对象和对象世界，从而根据自

---

① 马克思，恩格斯. 马克思恩格斯全集[M]. 第 42 卷. 北京：人民出版社，1979：37.
② 马克思，恩格斯. 马克思恩格斯全集[M]. 第 3 卷. 北京：人民出版社，1979：286.

身的需求把自然界的对象内化为人类物质生活和精神生活的重要组成部分。为此，人的实践活动目标根据需要的要求指向特定的对象，通过生产劳动改变这种对象自在形式，而且根据人类追求所反映的生存意识和深层次的文化生活意识，赋予它以适合于和满足于人自身需要的形式。

人的需要在本质上是一切社会关系的总和。马克思认为真正的社会联系诞生于人的需要，而这种真正的社会联系即体现和代表人的本质，人追求需要的满足的过程与人本质力量的实现过程是一个过程的两个方面。人与自然之间的联系在某种程度上是人的需要与自然之间的联系，另一方面也是人的需要与社会之间的联系。"人的本质是人的一切社会关系的总和，所以人通过从事社会生产活动，不仅使自己的本质在劳动过程中得到创造，而且在此基础上生产人的社会联系、社会本质。而社会本质不是一种同单个人相对立的抽象的、一般的力量，而是每一个单个人的本质，是他自己的活动、生活、享受、财富和需要的综合体现。因此，上面提到的真正的社会联系是立足于个人的需要才出现的。"①前者表现为人为了满足自身的需要，不断创造出一个全新的具有人类活动轨迹的自然，即所谓的人化自然；后者表现为人不断创造出属于人的社会世界，即人为社会。"这种联系是由需要和生产方式决定的，它和人本身具有同样长久的历史；这种联系不断采取新的形式，因而表现为'历史'。"②马克思指出，只有到了"按需分配"的共产主义社会，社会成员之间满足需要的实践活动和社会关系才真正体现人的本质力量。"在物质财富丰富的共产主义社会，充分发达的生产力促使人的需要的更加具有丰富性，从而某种新的生产方式和某种新的生产对象具有何等意义，人的本质力量的新的证明和人的本质的新的充实。"③人的需要不仅是现实生活中的需要，也是人本性的具

---

① 马克思，恩格斯. 马克思恩格斯全集[M]. 第 42 卷. 北京：人民出版社，1979：24.

② 马克思，恩格斯. 马克思恩格斯全集[M]. 第 1 卷. 北京：人民出版社，1995：81.

③ 马克思，恩格斯. 马克思恩格斯全集[M]. 第 42 卷. 北京：人民出版社，1979：132.

体体现，在某种程度上也是人们从事社会生产活动的尺度。相对于资本主义私有制条件下人的本质力量的异化，社会主义社会是人的需要的丰富性和多样性不断得到满足和实现的过程，也是人的本质力量与社会关系全面和谐的真正展现。

二、辩证地分析人类需要的本质性特征

人的需要是一个自然、社会和历史过程的有机统一体，人的需要不仅伴随着人的生理机能产生、发展，同时还伴随着人类社会产生和发展着。

1. 人的需要具有动态性

人的需要是一个社会的过程，人的需要受社会条件发展的制约，社会条件的发展促使人产生新的需求。人不仅能够根据自身的需要进行生产，也可以根据其他自然存在物的需要进行任何生产，当然这归根到底仍然是围绕人的需要而进行生产。人对需要的向往是无止境的，因而人的需要具有动态性。

一方面，人的需要具有不断上升的趋势。这不仅表现在人类的各类需要初始产生、满足和发展阶段，也表现在各类需要得到满足后，会进一步产生更高层次的需要，人的需要不断得到满足的过程，串起来也就形成了人的发展的历史过程。唯物史观充分按照以人为本的原则，表明人的需要会随着历史的发展步伐不断走向更高的层次，从而揭示了人的需要从低到高不断发展的历史进程。物质生产的需要制约着人与人之间的交往和需要的发展，人类要实现自身的生存与发展，必须首先获得物质生活资料，以满足自身的生存需要。人的需要的不断上升促使人自身的发展，促使人去追求更高层次的物质需要的满足；人的需要没有尽头，也促使人类的发展永无止境。随着人类满足需要的生产实践和社会分工的发展，人类的生产实践活动逐渐演变为一种相对独立的实践活动，并成为人与人之间进行精神交往活动的前提条件；这个为满足需要而开展的交往活动，不但扩大了人类的生产领域，

促进了物质生产的发展，同时，人的需要通过实践活动本身的对象化，形成了人与人之间广泛而稳定的社会联系，从而产生更高层次的精神需要。人的需要不仅是人类自身发展进化的推动力，也是推动社会发展的原动力。"已经得到满足的第一个需要本身、满足需要的活动和已经获得的为满足需要而用的工具又引起新的需要，而这种新的需要产生是第一个历史活动。"①因此，人的更高层次的新需要不仅与自然因素有关，而且与历史文化因素有关；历史文化因素是区分人的需要与动物需要的根本差别，也是促使人的需要向更高层次发展的根源。

另一方面，人的需要的发展与社会组织的发展呈正相关趋势。更高层次的精神需要是区别人与动物的根本标志。唯物史观的需要理论充分揭示了需要得到满足的方式与人的现实之间的辩证统一的关系。人的需要要得到满足，不仅与自然社会能够提供的需要相关联，还需要时代发展提供一定的条件。比如，"生产什么"和"怎样生产"都与人类的需要密切相关，前者指的是人为了维持自身生存和发展的需要进行社会生产，而后者指的是通过不同的生产方式满足人的需要。因此，唯物史观关于需要的"两个一致"理论阐明了需要的动态性特征，人自身发展的实际状况是人类特定需要和满足需要的方式辩证统一的体现。需要的满足方式也必然与社会组织发展的实际状况相关联，是特定社会生产发展状况的综合体现，不同的社会生产状况必然有不同的需要状况，社会生产不断向前发展的状况必然决定了需要的动态性特征。马克思说："从事物质生活的这样或那样的组织，每次都依赖于已经发展了的新的需要，而新的需要的诞生和人类得到满足的方式一样，本身就是一个不断发展的历史进程，这一过程在羊或狗那里是没有的。"②相对于人类自身需要发展的"三个层级"序列，为满足人自身不断发展的高层次需要，社会组织进行物质生产的组织形式也出现了依次推进的三大发展阶段形态，"即人的依赖性占统治地位的阶段、以物的依赖关系为基础的人的独立性的阶段，和建立实现个人全面发

---

① 马克思，恩格斯. 马克思恩格斯选集[M]. 第 2 卷. 北京：人民出版社，1995：68.

② 马克思，恩格斯. 马克思恩格斯选集[M]. 第 3 卷. 北京：人民出版社，1995：80.

展和人的需要得到全面满足这一基础上的自由个性"①的阶段。人的需要的满足不仅与社会生产力的发展状态相关联，也与社会组织的发展状态相关联，需要得到满足的状态实际上与人类社会及其社会组织发展的成熟度具有很大的关联性。人类社会组织发展得越成熟，人的需要就越容易得到满足，并能在此基础上产生新的、更加容易得到满足的需要。

　　上文阐述了需要发展的两个基本趋势和满足需要的生产方式。随着社会历史进程的不断改变和发展，它们既构成了人类社会发展的基本内容，也不断引领着社会价值观念的嬗变。从人类诞生的那一刻起，人类所面临的需要问题在形式上都是一样的，包括吃、穿、住、用、行、玩、乐等问题，但人的需要的本质内涵却随着社会历史的发展而不断变化，吃、穿、住、用、行、玩、乐等问题，因时代、对象、生产方式和历史条件的变化而不断变化。这些丰富多彩的人的生活充分证明了人的需要具有多样性与动态性，人的需要的动态性，人的需要不断发展的历史过程，实质上也体现了人类社会不断发展的历史进程。

2. 人的需要具有超越性

　　唯物史观的需要理论鲜明地提出了人的需要具有超越性。人的需要不仅仅在于维持自身生存的自然需要，或者说生物需要；人在他自己的生活中不断创造出新的需要，旧的需要得到满足，新的需要又诞生了，人的需要是永远没有尽头因而也不会完全得到满足的。马克思曾辛辣地指出："人自身发展过程中需求的产生，也像它们得到满足的方式一样，本身就是一个不断发展的历史过程，这种历史进程在羊或狗的身上体现不出来，尽管羊或狗的需要和满足的方式无疑是历史发展过程的产物。"②由此可见，人是一种社会存在物，"人的尊严""人的品格""人之为人的理想"等文化理念必须体现在人的需要之中。具有历史文化因素是人的需要与动物需要的根本区别，人的需要在本质上是不能混同于"羊或狗"的动物需要的。因此，人首先要考虑的问

---

① 马克思，恩格斯．马克思恩格斯选集[M]．第3卷．北京：人民出版社，1995：80．

② 马克思，恩格斯．马克思恩格斯选集[M]．第1卷．北京：人民出版社，1995：123．

题是需要的正当性与合理性。能够提出将来得以实现的需要是人的需要与动物的需要的根本差别，人的需要不像动物一样出于本能、"跟着感觉走"，动物的本能需要缺乏变动性和超越性，是停滞不前的。马克思在谈到蜜蜂与建筑师的区别时曾说："最蹩脚的建筑师比灵巧的蜜蜂一开始高明的地方，他在用蜂蜡开始建筑蜂房以前，已经在头脑里形成了建筑图纸。他不仅使自然物形式发生变化，而且他还在自然物中实现了他所理解和知道的目的，他必须使自己的意志和目的服从于，受一般客观规律决定的活动方式和方法。"①由此可见，"人之为人"就在于人能够控制自己的非理性行为，用理性的态度提出含有历史文化因素的需要，并尽量使提出的新需要虽然超出时代所提供的现实历史条件，但包含着适合社会历史发展的必然规律，并能够使意志服从于目的，克服不符合历史规律的非合理需要。正如康德所指出的那样，人完美的人格与成熟的理性辩证统一于人的需要不断发展的历史进程中，这也是"人之为人"在需要范畴上所体现的自豪与魅力，也充分揭示了人的需要所具有的超越性。

　　人的实践活动是"一个历史过程"中的人的需要产生与发展的基础。人是具有思维的动物，历史文化因素的积累可以促使人提出超出现实历史条件的需要，能够暂时超越社会历史发展的一般规律，超越特定阶段的社会实践活动。人不仅根据自身的需要，通过实践活动对生存环境进行能动的改造，从而满足自己所提出的超越性需要，而且在实践活动中不断提出具有超越性的新需要。由此可知，需要的超越性和需要的高层次性具有内在的一致性。正如马克思所指出的那样："富有的人同时就是需要有完整的人的生命表现的人，在这样的人身上，需要在某种程度上是他自己个性需要的体现和内在必然性的表现。"②人类需要的超越性促使人类实现了与动物性需要的根本区别，开始了人类需要发展的"真正的人类历史时期"③。最高层次的需要就

---

① 马克思，恩格斯. 马克思恩格斯全集[M]. 第 23 卷. 北京：人民出版社，1972：202.
② 马克思，恩格斯. 马克思恩格斯全集[M]. 第 42 卷. 北京：人民出版社，1979：129.
③ 马克思，恩格斯. 马克思恩格斯全集[M]. 第 46 卷. 北京：人民出版社，1979：287.

是实现真正的具有历史文化因素的需要，在这些因当前历史条件不足而不能满足的需要中，映现着人的智慧与追求，这是实现"自由个性"的"完整的人"的需要。至此，需要的最高境界——"完整的人的需要"与人的需要的超越性的一致性，就鲜明地呈现出来了。人的需要发展的历史进程就是需要不断得到满足和新的需要不断诞生的过程，在生产实践活动中，需要的过时性与超越性是不断辩证发展的。

3. 人的需要与社会实践具有同步性

同步性是指需要的满足必须立足于人类的社会实践活动。人的需要如果要想在同等社会历史条件下得到及时满足，必须通过从事社会实践活动创造厚实的物质平台，也需要充分自由支配的时间和空间作保证。人的需要不仅仅是社会生产力发展的产物，归根到底是人类自身发展的结晶。也就是说，生产力不仅是人类社会前进的最终决定力量，也是人的需要得到满足的最终决定力量。如果说生产力是判断一个社会发展水平高低的历史尺度，那么，人的需要的满足度则是判断一个社会是否健全和完善的价值尺度。要全面满足人的需要，就必须大力发展社会生产力，创造更多的社会财富，满足人民日益增长的物质文化需要，从而提升社会的物质文明水平，促进人需要水平的全面提高。离开了社会实践活动，不仅与时代发展相一致的需要得不到满足，也不会产生新的合理需要。需要的满足必须符合社会实践活动发展的步伐，脱离社会实践活动的需要是永远不会得到满足的；脱离社会实践活动的新需要因缺乏规律性而难以实现。可见，任何合理的需要要想得到满足，都必须保持与社会实践活动的同步发展。

人的需要不是个定数，而是与特定的社会物质生产和精神生产相关联的一个函数，它是两种生产协调发展的结果。随着科技的进步，两种生产不断发展，不断催生人的新需要。恩格斯曾指出："在资本主义社会，需要和满足需要的方式是根本对立的，以资本主义私有制为基础的生产很快造成这样的结局：所谓生存斗争不再围绕着生存资料进行，而是围绕享受资料和发展资料进行。"①事实上，这一对需要的

---

① 马克思，恩格斯. 马克思恩格斯选集[M]. 第 4 卷. 北京：人民出版社，1995：372.

层次进行划分的更重要的现实指导意义在于，它明确了人的需要不断发展的向度和社会的前进方向。马克思把"现实的个人"发展需要的最终目标确定为具有"自由个性"的"完整的人"，这也是人的需要发展的最高层次。唯物史观的需要理论把满足人的需要与实现人的全面发展结合起来，并认为需要的产生和满足必须立足于人类社会发展的实际状况，有什么样的人类社会发展的实际水平，就在某种程度上决定了有什么样的需要和什么层次的需要，社会的实践水平决定了人的需要的满足以及发展的水平与程度，也为人的未来需要指明了发展方向。

马克思明确地指出："人类的需求和享受是以社会的尺度，而不是以满足需要的物品来衡量的。"①唯物史观的需要理论为人的需要的科学发展指明了道路与方向：人的需要必须通过生产劳动才能获得满足，人的生命活动也从而得到延续和发展；物质生产是人的需要得到满足的根本基础，必须按照人的意志去改造自然界，在实践的基础上实现理性与价值的整合，重新创造一个能够满足未来人类发展需要的人化自然，这种社会实践活动必须伴随着人类社会不断往前发展，社会实践活动能够不断使人的需要得到满足，也会促使劳动者在实践活动中不断提出新的合理需要，人需要的满足状况和发展程度与社会实践活动的发展水平息息相关。有什么样的社会实践活动发展水平，就有什么层次与程度的需要，人的需要尽管具有超越性，但最终必须具有与社会实践发展同步的水平与发展趋势。

三、马克思需要理论的当代价值

唯物史观的需要理论以政治经济学理论与社会现实为基础，从现实的具有"动物性需要"的具体的人出发，立足于人的现实物质生活需要，从人与自然的关系来把握和理解人的需要，并深入到复杂的现实社会关系，以最终实现人的全面自由发展。在构建中国特色社会主

① 马克思，恩格斯．马克思恩格斯选集[M]．第 4 卷．北京：人民出版社，1995：373．

义和谐社会、实现中国梦的今天，重温马克思需要理论的精神实质和理论内涵具有重要的理论指导意义，要充分挖掘马克思需要理论对社会发展的现实指导意义和当代价值。

1. 马克思的需要理论为全面建成小康社会提供了特定的理论支持

唯物史观认为，人的需要作为一个关系范畴，是"现实的人"为了最大程度地实现自身发展而对自然世界的欲求。所谓"现实的人"，是指人不仅是从自然界发展而来，同时，人自身的生存和发展都要依靠自然的供给来维持。人与自然界在本质上是一致的，需要理论是联系人与自然的纽带和桥梁。马克思说："物质资料的生产方式是一切人类生存的和人类历史发展的第一个前提，人类要生存，必须首先需要衣、食、住以及其他东西。因此生产满足这些需要的资料是第一个根本的历史前提，即生产物质生活本身。"[①]总之，唯物史观的需要理论把人类创造历史与满足自身生存发展的需要紧密联系在一起，需要理论促使人类把自然对象化，不断诞生的新需要促使人们不断进行劳动，促使人类社会不断向前发展。唯物史观的需要理论把尊重自然的本性和自觉保护自然看作人的行为的重要目的，并要求把需要置于改造和利用自然之上，视为改造自然界的前提，合理的需要立足于实现人的满足与自然界的和谐发展。唯物史观的需要理论需要人与自然之间建立"环境价值"的关系，强调的不是人与自然的对立或者人与自然的两极性，而是人与自然的一体性关系，人与自然的不可分离性，强调实现人与自然的统一。由此，唯物史观的需要理论不仅指出了需要在人类社会发展中的重要地位及具体表现，也为全面建成小康社会提供了特定的理论支持。

2. 满足人民群众的合理需要是小康社会建成的必然表现和首要内容

当前，我国处于社会主义初级阶段，这个阶段也是社会矛盾活跃

---

① 马克思，恩格斯．马克思恩格斯选集[M]．第1卷．北京：人民出版社，1972：32．

的社会转型期，从满足人的需要的角度看，是人民群众的需要和生产矛盾运动使矛盾内部诸要素之间的张力空前增大。当前，社会中的主要矛盾是人民日益增长的物质文化需要同落后的社会生产之间的矛盾。现实的、相对落后的生产力无法满足每个群众的合理需要；同时，由于人的需要具有复杂性和多层次性，既有维持自身生存发展的合理需要，也有违背社会伦理和社会实际的不合理需要，人的需要是永远没有止境的。但在建设小康社会的过程中，每个人的需要是无法得到完全满足的，即便小康社会全面建成后，每个人的需要也不会完全得到满足，从而导致在全面建设小康社会的过程中不断涌现出新矛盾。唯物史观的需要理论告诉我们普遍承认和尊重"人的合理需要"是全面建设小康社会的首要内容。尽管"人的需要"理论是马克思主义理论体系的重要组成部分，但在我国社会主义建设初期，由于受教条主义的影响，在社会主义实践中忽视了人民群众的现实合理需要。改革开放以来，特别是当前全面建成小康社会的关键时期，中国共产党已经逐步认识到人民群众的需要的客观物质性和道德合理性。随着人民群众的合理需要在社会主义主流意识形态中的"合法性"地位的回归，满足人民群众的合理需要成为建设小康社会的基石和支柱，逐渐得到社会的普遍承认和尊重。

3. 满足人民群众的合理需要是调动社会成员建设小康社会的主动性的必然要求

遵循公平的原则来分享改革开放的成果，满足人民群众的合理需要，是全面建设小康社会过程中民生诉求的主要内容。在国家发展的过程中，无论是改革开放政策的实施，还是全面建设小康社会的提出，其最终目标都是提高满足人民群众合理需要的社会发展水平。自改革开放政策实施以来，"让一部分人先富起来"的政策导向和相应的分配制度改革，都立足于满足人民群众的合理需要，从而充分调动了劳动者的积极性和创造性，使社会主义初级阶段的生产力得到迅猛发展，基本解决人民群众的物质文化需要，解决了十三亿多中国人的温饱问题。在人民群众的基本的物质文化需要得到满足的基础上，不断提出新的需求，特别是提出全面建设小康社会的新需要，调动了人民群众的积极性，加快了我国社会向小康社会前进的步伐。但在社会主义初级阶段，由于生产力发展水平的相对落后和不平衡，以及每个劳动者的才能的差异所导致的劳动贡献的不同，人民群众的需要得到满足的程度不同；而需要得到满足的状况的不一致，促使人与人的关系（人民内部矛盾）开始激化起来。特别是随着改革的不断深入，我国社会发展出现了社会结构、经济利益、思想观念日趋多元化、复杂化等趋势，伴随着这种多元化趋势的日益深化，社会各阶层的合理需要也呈现出多元化的趋势：精英阶层的需要已由生存的需要转向享受生活、实现人生价值的更高层次发展，在基本的物质资料得到满足后，将重心更多地集中在精神发展和政治权利的得到满足上；而部分欠发达地区的人民群众仍处于基本生存需要得不到满足的困难之中。所以，有关生存发展的基本需要问题的实质，就是最广大人民群众的迫切的、根本的需要问题；因此，满足人民群众的合理的基本需要是实现社会和谐发展的根基。在全面建设小康社会的过程中，必须解决人民群众迫切的实现基本生存需要的问题，使人民群众的合理需要得到满足，使人民的生活得到改善，享受到社会发展所带来的益处，从而最大限度地调动人民的生产积极性，发挥人民群众的创造力。要想实现社会的可持续发展，就必须满足每个群众的合理需要，促使每个群众的利益诉求得到实现。

4. 不断满足人民群众的合理需要就必须贯彻落实"四个全面"发展战略

马克思说："生产资料的总和应当是以劳动者个体能够在正常的生活状况下维持自己，所谓必不可少的需要的范围，和满足这些需要的方式一样，本身是历史的产物。"[①]马克思认为，人的需要是无止境的，要不断满足新的需要必须通过发展生产力来实现，使其成为推动生产力不断发展的内在驱动力。人的需要将随着时代的发展而不断深化和扩展，也在某种程度上促使人的生命活动得到深化和扩展，从智力与

---

① 马克思，恩格斯. 马克思恩格斯全集[M]. 第 23 卷（上）. 北京：人民出版社，1972：194.

体力等方面推动人自身的发展，也推动人类社会和生产历史不断前进。人需要的多样性、动态性和超前性的特点及社会生产发展的不平衡性使得个人的需要不可能得到完全满足；但是由于生产力发展的革命性和超越性，人的合理需要最终可以逐渐得到满足，因此可以充分保障和实现每个人的生存和发展。

我国正处于社会主义初级阶段这一基本国情要求我们通过贯彻落实"四个全面"战略思想来满足人民群众的合理需要。当前，要通过满足人民群众的合理需要来改善民生，还面临着严峻挑战。社会生产力相对落后且发展不平衡，使得一些群众的基本需要问题并没有完全得到解决；而另一方面，发展相对滞后的社会事业和供给相对短缺的社会公共产品，使得看病难、上学难和住房难等问题仍然存在，而这些都是人民群众的最基本的合理的需要。要实现社会各阶层的和谐发展，就必须立足于每个社会阶层的需要，不断满足每个阶层的合理利益诉求。社会建设与人民幸福安康息息相关，"四个全面"战略思想的实践过程就是不断满足人民群众需要的过程。

四、马克思需要理论是实现人的全面发展的动力基础

要实现人的全面发展，必须根据社会发展的实际，了解和掌握人们的思想与动机。马克思说："需要是人类心理结构中最根本的东西，是人类个体和整个人类发展的原动力。"[1]从而就可以说，"没有需要就没有生产"[2]"没有需要就没有社会的变更"[3]。那么，人的需要是由什么因素导致的呢？他指出：人们的"每一种本质活动和特征，他的

---

① 马克思，恩格斯.马克思恩格斯全集[M].第 2 卷.北京：人民出版社，1957：153.

② 马克思，恩格斯.马克思恩格斯全集[M].第 12 卷.北京：人民出版社，1962：40.

③ 马克思，恩格斯.马克思恩格斯全集[M].第 12 卷.北京：人民出版社，1962：50.

每一种生活本能都会成为一种需要"①。人既是自然人，也是社会人，人对物质需求和精神需求的不懈追求不但是自然发展的规律，也是促使人类社会不断前进的根本动力。而且，各种需要类型的发展也是促进自身全面发展动机的根本源泉，需要的满足与全面发展之间是种相互推进、相辅相成的关系，且该动机能够产生特定的思想和意识，并在这一思想的支配下产生促进和支配自身全面发展的思想和行为。要实现人的全面发展，必须根据人自身发展的需要，通过社会实践不断满足自身发展的需要，不断推动人全面自由发展的过程，才能够使人的全面自由发展具有科学性和合理性。这说明，马克思主义的需要理论对全面建设小康社会背景下的人的全面发展具有重大的理论意义和现实意义，这也是提高大学生思想政治教育工作的理论基础。

人们对物质需要和精神需要的不断追求是促进人实现全面发展的基本动力。人全面发展的高度和实现程度都是建立在这一唯物史观的理论基础之上的。必须全面分析人实现全面发展的多层次需要和多样性需要，增强促进人的全面发展工作的针对性，这是确保实现人全面发展的根本出发点。首先，要不断促进社会经济发展，创造更多的物质财富，满足人民群众实现全面自由发展所需的物质生活和物质利益需求，这也是在社会主义制度下，满足人民群众需要、确保人的全面发展的根本立足点。马克思主义唯物史观认为，人的全面发展离不开物质生活和物质利益的满足，人的全面发展是一个不断向前发展的过程，这个过程就是人的物质利益和物质需要不断得到满足与追求的过程。马克思、恩格斯指出："我们首先应当确定一切人类生存的第一个前提也就是一切历史的第一个前提，这个前提就是：人们为了能够创造历史，必须能够生活。但是为了生活，首先就需要衣、食、住以及其他东西。因此第一个历史活动就是生产满足这些需要的资料，即生产物质生活本身。同时这也是人们仅仅为了能够生活就必须每日每时都要进行的（现在也和几千年前一样）一种历史活动，即一切历史的

---

① 马克思，恩格斯．马克思恩格斯全集[M]．第 2 卷．北京：人民出版社，1957：153．

基本条件。"①物质需求与物质利益的满足是确保人实现全面自由发展的根本，没有物质需要的满足就无法实现个人的全面自由发展。马克思说："人们奋斗所争取的一切，都与他们的利益有关。"②这里主要是指人在实现全面发展过程中对物质利益的追求。恩格斯也说："每一个社会的经济关系首先是作为利益表现出来。"③精神方面的需求不断得到满足也是确保实现人全面自由发展的基石，精神方面的需要包括人们的思想需求和行为需求，人们的思想和行为需求必然代表着人在全面发展过程中的物质利益需求。只有在物质利益需求的基础上考察人全面自由发展的过程、动力与机制，才能真正发现推动人全面自由发展的内在因素，确保人全面自由发展工作的针对性和实效性。

对于思想文化方面的需求的满足是人全面自由发展的保证，只有不断加强社会主义先进文化建设，不断满足人对精神文化的需求，才能确保实现人的全面自由发展，这也是推动人全面自由发展的切入点。思想文化方面的需求包括文化的繁荣发展、教育的需要、道德文化的需要、思想理论和理想信念教育等各个方面的需要。根据唯物史观的基本原理，人在社会发展过程中实现自我发展，不仅需要物质生活的满足，也需要精神文化生活的不断满足。人们在实现全面自由发展的过程中，物质生活需要得到满足后，必然追求精神文化的发展，从而提高全面自由发展的程度。正如列宁所说："劳动者渴求知识，因为知识是他们获得胜利所必需的。"④"必须取得全部科学、技术、知识和艺术。没有这些，我们就不可能建成共产主义的生活。"⑤人的全面自由发展是一个艰难曲折的复杂过程，在这个过程中，需要有一个精神支柱推动人实现全面自由的发展。理想信念是促进人全面自由发展的

---

① 马克思，恩格斯.马克思恩格斯选集[M].第1卷.北京：人民出版社，1972：32.
② 马克思，恩格斯.马克思恩格斯全集[M].第1卷.北京：人民出版社，1956：32.
③ 马克思，恩格斯.马克思恩格斯全集[M].第2卷.北京：人民出版社，1957：557.
④ 列宁.列宁全集[M].第28卷.北京：人民出版社，1990：70.
⑤ 列宁.列宁全集[M].第29卷.北京：人民出版社，1985：50.

精神支柱，没有理想信念就无法实现人的全面自由发展。毛泽东曾经说过，主义就是一面旗帜，只有旗帜打出来，大家才能够看到希望，才能够鼓舞士气。显然，主义和理论能够对人的全面发展起指导性作用。另外，精神文化还具有武器的作用。邓小平说："人是要有一点精神的。"①而大学生思想政治教育就是培养人的精神，鼓励人们实现全面自由的发展。

社会交往的需要是促进人全面自由发展的社会条件。社会交往的需要能够影响人发展的质量，只有通过社会交往，才能实现人的全面自由发展。人进行社会交往的过程就是人的全面自由发展不断实现的过程，社会交往能够满足人在实现全面发展的过程中的自然需要与社会需要。人的全面发展过程就是社会需要和自然需要不断得到满足的辩证统一过程。马克思主义认为，人与动物的最大区别在于其社会性，也就是社会存在，人必须通过参加生产劳动来实现自己的社会存在，人的全面发展过程就是参加社会劳动的过程。社会劳动就是人类的社会生活，社会劳动就是人类实现全面自由发展的途径。马克思说："人们在生产中不仅仅同自然界发生关系。他们如果不以一定方式结合起来共同活动和互相交换其活动，便不能进行生产。为了进行生产，人们便发生一定的联系和关系；只有在这些社会联系和社会关系的范围内，才会有他们对自然界的关系，才会有生产。"②可见，人们的社会交往和生产交往的需要能够在劳动中得到满足，劳动能够使人们的社会交往与生产交往更加成熟与复杂，从而确保人的全面发展的质量。这是因为，人的全面发展离不开社会，社会关系是人的本质体现，没有社会关系就无法实现人的全面自由发展，更谈不上全面自由发展的程度与质量了。正如马克思、恩格斯所说："他们的需要即他们的本性。"③

劳动是人类实现全面自由发展的第一前提。劳动不仅提供人实现全面自由发展的物质需要——这是人全面自由发展过程中的低级需

① 邓小平. 邓小平文选[M]. 第2卷. 北京：人民出版社，1994：367.
② 马克思，恩格斯. 马克思恩格斯选集[M]. 第1卷. 北京：人民出版社，1972：362.
③ 马克思，恩格斯. 马克思恩格斯全集[M]. 第3卷. 北京：人民出版社，1960：514.

要；而且，劳动也包括脑力劳动，从事脑力劳动的过程就是人实现全面自由发展过程中自我价值实现的过程。劳动是人全面自由发展过程中的低级需要与高级需要的辩证统一，也是自然性需要与社会性需要在人发展过程中的高度统一。劳动的需要是一个不断向前发展的过程，从而不断推动人的全面发展。列宁指出："我们要努力消灭'人人为自己，上帝为大家'这个可诅咒的常规，克服那种认为劳动只是一种负担，凡是劳动都应当付给一定报酬的习惯。我们要努力把'人人为我，我为人人'和'各尽所能，按需分配'的原则灌输到群众的思想中去，变成他们的生活常规，我们要逐步坚持不懈地实现共产主义纪律，推行共产主义劳动。"①列宁的这句话告诉我们，在实现全面发展的过程中，人可以通过纪律和教育约束自己在物质条件与精神条件方面的需求。人可以依据自身发展的阶段的不同而调整和完善自己的需要，从而使需要更加适合人的全面发展。在不同的历史时期和社会形态下，由于社会历史条件的不同和人的发展状况的不同，人们的需要是不同的。只有到了未来的共产主义社会，劳动才能够成为人全面发展过程中的第一需要，也才能够具备实现人全面发展的条件。

人的需要是一个由低级到高级不断发展的过程。而实现人的全面发展就是推动人的需要不断由低级到高级演变的直接动力，社会实践是推动人的需要与人全面发展的根本动力。社会实践是不断向前发展的，是一个永无止境的过程。在社会实践过程中，人的需要与人的全面发展不断改变和发展着，人的需要不断得到满足的过程与人全面自由发展的过程统一于人类社会实践的过程中，并随着社会实践的不断发展而不断改变。因此，"他们是什么样的，这同他们生产是一致的——既和他们生产什么一致，又和他们怎样生产一致。因而，个人是什么样的，这取决于他们进行生产的物质条件。"②随着社会条件的发展变化，由于人的需要不断得到满足，人的全面发展也在不断得到实现，这也使得人的本性不断变化，从而使人的全面发展具有更多的丰富性和差异性。丰富性与差异性使人的全面发展具有不同的社会特征，

① 列宁. 列宁全集[M]. 第31卷. 北京：人民出版社，1985：104.
② 马克思，恩格斯. 马克思恩格斯全集[M]. 第3卷. 北京：人民出版社，1960：24.

从而能够适应丰富多彩的社会环境。"整个历史也无非是人类本性的不断改变而已。"①刘少奇在《论共产党员的修养》一文中也指出："人们的本身，人们的社会关系、社会组织形式以及人们的思想意识等，都是在社会的人们和自然界的长年斗争中不断地改造和进步的。在古代，人们的生活样式、社会组织、思想意识等，和现代人们的都不同；而在将来，人们的生活样式、社会组织、思想意识等，又会和现代人们的不同。"②可见，人全面发展的复杂性过程决定了人的需要的变化发展；人实现全面发展的途径不同，也导致了人的需要不断发展的复杂性。马克思说，人的全面自由发展是一个不断发展的辩证过程，从而也推动人的需要的不断发展变化。马克思说："像野蛮人为了满足自己的需要，为了维持和再生产自己的生命，必须与自然界进行斗争一样，文明人也必须这样做；而且在一切社会形态中，在一切可能的生产方式中，他都必须这样做。这个自然必然性的王国会随着人的发展而扩大，因为需要会扩大；但是，满足需要的生产力同时也会扩大。"③这里的"野蛮人"与"文明人"，说明了人的全面发展过程和程度的多样性。不同的人由于受到各种时代条件的限制，以及对相同时代条件的利用程度不同，会产生不同的需要，这说明人的需要会随着社会实践的不断发展而发展，其内容随着人全面发展程度的不同而不断发展扩大。"在再生产的行为本身中，不但客观条件改变着，……而且生产者也改变着，炼出新的品质，通过生产而发展和改造着自身，造成新的力量和新的观念，造成新的交往方式，新的需要和新的语言。"④于是，人的全面发展的程度在自身各种需要不断得到满足的过程中不断得到提高。随着社会生产力水平的不断提高，人的全面发展程度也不断得到提高，从而又产生更多、更高层次的需要，这种新的需要不断推动

① 马克思，恩格斯．马克思恩格斯选集[M]．第 1 卷．北京：人民出版社，1972：394．
② 刘少奇．刘少奇选集[M]．上卷．北京：人民出版社，1981：97-98．
③ 马克思，恩格斯．马克思恩格斯全集[M]．第 25 卷．北京：人民出版社，1974：926-927．
④ 马克思，恩格斯．马克思恩格斯全集[M]．第 46 卷上．北京：人民出版社，1979：494．

人全面发展的进程，也促使人们通过不断提高全面发展的程度来不断实现创新，从而能够创造更多的需要。

马克思主义的需要的发展性理论为促进人的全面发展提供了许多有益的借鉴。人的全面发展是一个永无止境的过程，要充分利用时代所提供的机遇与条件实现最大化的发展，把实现人的全面发展与需要不断得到满足的过程全面统一起来。当前我国正处于建设小康社会的关键时期，但我国尚处于社会主义初级阶段，社会生产力从整体而言还相对落后，地区经济发展不平衡，物质基础还不大充裕，社会主义精神文化建设还相对落后，还不具备实现人全面自由发展的充分条件；但广大人民群众是社会的主人，已经具备了实现自身全面发展的自由和可能性。然而，在当前社会主义市场经济条件下，还存在着狭隘的社会分工，科学技术的快速发展甚至导致"单面人"的出现，因此，我们要注意避免和防止出现人的畸形和片面发展。在促进人全面发展的实践中，我们深入分析人在实现全面发展过程中的社会关系，引导个人正确处理各种社会关系，树立坚定的理想信念，立志为全面建设小康社会做出自己的贡献，彻底摆脱个人主义、拜金主义、自由主义、享乐主义等消极思想的束缚，践行社会主义核心价值观，成为对社会主义经济发展有用的人才。

第四章
以人的全面发展理论为指导加强
高校思想政治教育创新

马克思主义人的全面发展理论具有丰富而深刻的内涵，对高校思想政治教育具有深远的意义。实现大学生的全面发展是高校思想政治教育的目的和归宿，高校思想政治教育是推进大学生全面发展的重要途径。高校思想政治教育需要以马克思主义人的全面发展理论为指导，正确审视传统的高校思想政治教育的理念和实践，不断改革和创新高校思想政治教育，促进大学生全面发展。

一、人的全面发展理论与高校思想政治教育的辩证关系

马克思主义人的全面发展理论是马克思主义学说的重要组成部分。人的全面发展是社会发展的终极目标，也是高校思想政治教育的价值取向与根本目的。高校思想政治教育既是人的全面发展的内在要求，也是促进人的全面发展的有效手段。

（一）人的全面发展是高校思想政治教育的理论指导和
　　　出发点

1. 人的全面发展理论是思想政治教育学的理论依据

任何一门学科都需要有科学的理论依据，思想政治教育学也是如

此。马克思主义理论尤其是马克思主义关于人的全面发展的学说，是确定思想政治教育目标、方针及任务的重要理论根据。中国目前处于社会转型期，社会的急剧变化激起人们在思想观念、价值体系以及心理情感方面更深层次的矛盾与冲突，成为思想政治教育亟待解决的时代课题。现代社会的发展与变革以满足人的需要和实现人的发展为终极目标，因此，马克思主义人的全面发展理论成为思想政治教育解决这一时代课题的重要理论依据。

2. 人的全面发展理论是高校思想政治教育的出发点和归宿

马克思主义追求的最高目标与理想是实现人的全面发展。马克思主义认为，社会发展的主要动力来源于人本身，历史的进步是社会的发展与人的发展二者统一的结果，社会发展的终极目标是实现人的自由而全面的发展。马克思认为，人的自由而全面的发展是与生产力的发展成正比的，只有在物质财富极大丰富、人们的精神境界极大提高的共产主义社会，才能完全实现每个人的自由而全面的发展，但这是一个逐步提高、不断发展的过程。人的发展存在于社会发展的每一个阶段，人的自由而全面的发展是社会发展与进步的最终结果与重要尺度。社会主义的根本任务是发展生产力，而发展生产力的落脚点就是实现人的全面发展。因此，高校思想政治教育的根本任务是通过满足人的需求、提高人的素质、活跃人的思想、振奋人的精神、增强人的凝聚力来充分调动与发挥人的积极性、主动性和创造性，最终推动人的全面进步。虽然在不同的历史时期和不同的具体环境下思想政治教育有不同的具体目标和任务，但追求与促进人的全面发展，是思想政治教育永恒不变的出发点和与归宿。特别是在当代全球化趋势日益加深和社会主义市场经济蓬勃发展的背景之下，高校思想政治教育更应该以人的全面发展理论为指导，以自身的具体情况为依据，为实现人的全面发展这一终极目标提供精神动力与智力支持。

社会主义是全面发展、全面进步的社会，社会主义必须促进人的自由而全面的发展。因为人的自由而全面的发展，是社会发展与进步的最终结果和重要尺度。我国改革开放 30 年取得的物质财富，为"人的自由而全面发展"奠定了坚实的物质基础。全面发展的社会要求全面发展的人，并为人的全面发展创造必要的条件。因此，高校思想政治教育应该以实现人的全面发展为最终目的和归宿。

（二）高校思想政治教育是实现人的全面发展的重要途径

"实现人的全面发展必须具备一定的历史条件，这就是消灭私有制，使生产资料归社会所有，同时，使生产力发展能为每一个人提供全面发展和表现自己全部能力的机会。实现人的全面发展还有另外一个条件，就是全面发展的教育。这种全面发展的教育不仅包括德育、智育、体育，同时还包括美育、技能、处理人际关系的正确观念和能力等等。在实现人的全面发展的教育中，马克思主义历来都很重视思想政治教育。"①

恩格斯指出，实施人的全面发展的教育，以便"使年轻人能够很快熟悉整个生产系统""使他们能够根据社会的需要或他们自己的爱好，轮流从一个生产部门转到另外一个生产部门""使他们摆脱现在这种分工给每个人造成的片面性"②。而"生产劳动和教育的早期结合是改造现代社会的强有力手段之一"③，生产劳动同智育与体育相结合，既是提高社会生产的一种方法，也是促进人的全面发展的唯一方法。由此可知，马克思主义经典作家历来重视思想政治教育对人的全面发展的影响与作用。江泽民在党的十六大报告中提出了全面建设小康社会的奋斗目标，其中目标之一就是通过采取多种措施，促进人的全面发展。其中指出"全民族的思想道德素质、科学文化素质和健康素质明显提高，形成比较完善的现代国民教育体系、科技和文化创新体系、全面健身和医疗卫生体系。人民享有接受良好教育的机会，基本普及高中阶段教育，消除文盲。形成全民学习、终身学习的学习型社会，

---

① 陈秉公．思想政治教育学[M]．长春：吉林大学出版社，2007：3．
② 马克思，恩格斯．马克思恩格斯全集[M]．第1卷．北京：人民出版社，1960：243．
③ 马克思，恩格斯．马克思恩格斯全集[M]．第1卷．北京：人民出版社，1960：243．

促进人的全面发展。"①高等教育作为国民教育中的"高端"教育，富于感染力与渗透性，深刻影响着人的全面发展的各个方面。高校思想政治教育是一种特殊的教育实践活动，它以转变人的思想、提高人的主体性为目标，通过满足人的需求、提高人的素质、活跃人的思想、振奋人的精神、增强人的凝聚力，最终推动人的全面进步。

1. 高校思想政治教育在大学生对于社会主义的发展方向的适应中起到决定性作用

高校在德育、智育、体育等方面都存在着教育方向的问题，即从政治、思想、品德的角度上研究教育的导向问题。马克思主义人的全面发展理论认为，在人的全面发展中，思想品德是灵魂，是人的一切言行的指导。思想政治教育解决的是人的全面发展的思想政治教育方向的问题，高校用何种世界观和道德观教育青年大学生，让他们朝着哪种思想政治方向发展，是区分社会主义高校与资本主义高校的一项重要标准。当前，在世界经济一体化和我国经济体制改革日益深化的背景下，我国高校大学生的主流思想政治状况是积极乐观、健康向上的：当今大学生关注国家时事热点，政治视野开阔，政治思想比较健康，政治评价较为积极，基本能对政治问题进行客观、理性的分析，政治鉴别力较强；对精神文明建设的重要性的认识比较客观，对人生的基本道德要求与道德价值取向的认识和理解日趋稳定与成熟。然而，西方各种敌对势力从未停止其在意识形态领域的渗透活动，并且，他们西化和分化的重点就是高校大学生。尤其是随着目前网络信息技术的高速发展，西方资产阶级思想文化对高校的渗透不断加剧，他们企图通过潜移默化的方式，传播和散布西方的价值取向与政治观点，以达到颠覆共产党的领导和社会主义制度的政治目的。与此同时，由于我国尚处于社会主义初级阶段，在不够完善的社会主义市场经济体制下存在的一些社会问题，很容易对大学生的思想政治状况产生消极影

---

① 江泽民. 全面建设小康社会 开创中国特色社会主义事业新局面：在中国共产党第十六次全国代表大会上的报告[M]. 北京：人民出版社，2002：16.

响。一是大学生易受到拜金主义、享乐主义与极端个人主义的影响，存在理想信念模糊、政治信仰迷茫、缺乏社会责任感等问题。二是大学生愈加重视个性化的发展，集体主义、艰苦奋斗等传统精神受到忽视；心理素质较低，自主能力与自控能力较差，容易产生心理障碍以及厌学、厌世现象，个别大学生甚至会走向极端；贫困大学生思想负担较重，容易产生自卑与不满情绪。三是互联网上充斥的各种信息良莠不齐，某些不良思想会对广大学生造成巨大的消极影响，甚至威胁到学校的安定和谐；少数大学生沉迷于网络而不能自拔，致使精神颓废甚至荒废学业。四是一些大学生在面对严峻的就业形势和沉重的就业压力时，会感到前途渺茫，甚至自暴自弃。以上这些现象会对大学生的身心造成极大的负面影响与危害，严重阻碍了当代大学生的自由全面发展。因此，高校思想政治教育要从内容和形式的方面加强对大学生思想的教育和引导。从内容来看，高校思想政治教育最根本的任务是帮助大学生树立正确的世界观、人生观和价值观，因此要重视对大学生思想品德方面的教育，促进其形成正确的思想观念、价值取向以及道德标准；从形式上看，思想政治教育是做人的思想工作，要教育大学生掌握科学的立场、观点与方法，不断提高大学生认识世界与改造世界的能力。我国是社会主义国家，高等教育必须把德育（思想政治教育）放在首位，只有高度重视对大学生思想品德的培养，才能坚持社会主义的办学方向，同时有力地推动大学生的自由全面发展，使其能够更好地适应社会主义的发展方向。

2. 高校思想政治教育在大学生获得知识和培养能力的过程中起到重要作用

首先，高校思想政治教育是为人学生提供科学文化知识，以帮助其更好地认识世界的特殊教育方法。高校的德育、智育都是极其重要、不可偏废的。高校进行智育的目的在于培养大学生的智慧与技能，以使其将来能够更好地承担社会角色和任务。智慧和技能属于智力因素，而思想品德属于非智力因素。人的智慧和技能不是独立形成的，其与人的思想品德发展紧密联系。现代心理学研究表明，人的智力因素的发展水平和发挥程度依赖于而且越来越取决于人的非智力因素的发展水平。可见，学生的学习水平越来越取决于他的思想品德与心理素质。因此，高校实施思想政治教育，要重视提高大学生的思想道德与心理素质等非智力因素，从而促进大学生的全面发展。

其次，高校思想政治教育是引导大学生追求知识的力量源泉。教育心理学告诉我们，人在学习文化、掌握知识的过程中会受到许多主观因素的影响，其中决定青年大学生是否学有所成的是学习的积极性，而学习的积极性又取决于大学生的学习动机。在促进大学生学习的全部动机中，人的思想因素是最深刻、稳定和永久的。因此，只有通过实施思想政治教育，才能把社会主义现代化建设的要求转化为青年大学生的要求，进而形成大学生学习与实践的动力，从而促进大学生德、智、体、美等方面的全面发展。

总之，高校思想政治教育作为全面发展教育的重要组成部分，在大学生获得知识和培养能力的过程中起到重要作用，是促进大学生全面发展的重要条件与有效途径。

（三）人的全面发展和高校思想政治教育相互支持、相互促进、共同发展

江泽民指出："推进人的全面发展，同推进经济、文化的发展和改善人民物质文化生活，是互为前提和基础的。人越全面发展，社会的物质文化财富就会创造得越多，人民的生活就越能得到改善，而物质文化条件越充分，又越能推进人的全面发展。"①这不仅科学地揭示了人的全面发展和物质文化发展的关系，也科学地揭示并高度概括了思想政治教育与人的全面发展之间的辩证关系。

1. 高校思想政治教育为人的全面发展提供精神支持

思想道德素质的提高是大学生全面发展的基础和前提，尽管提高大学生的思想道德素质的方法与途径是多种多样的，然而，高校思想

---

① 江泽民. 在庆祝中国共产党成立八十周年大会上的讲话 [M]. 北京：人民出版社，2001：43.

政治教育的作用是不可替代的。

（1）高校思想政治教育升华大学生的理想。

高校思想政治教育通过对大学生进行科学的社会主义理想教育，邓小平理论和"三个代表"重要思想教育，引导大学生树立正确的世界观、人生观和价值观，教育和鼓励大学生根据社会需要进行个人选择，把个人的兴趣爱好与专业特长等主观因素与国家和社会的需求相结合，将个人的自我价值与社会价值的实现和社会发展的目标相统一，始终坚定共产主义理想，对社会主义道路充满信心；帮助大学生纯洁思想、净化心灵、陶冶情操，培养健全的人格，塑造良好的风貌；提高大学生的思想道德素质，鼓励大学生培养社会责任感、团队协作意识以及奉献精神，激发大学生的爱国主义与集体主义精神，继承和弘扬中华民族优秀的精神文化传统，推动大学生全面提高个人素质，形成完善的人格，实现自身的全面发展。

（2）高校思想政治教育开发大学生的潜能。

高校思想政治教育使大学生形成科学的思维方式，避免形而上学，最大限度地挖掘大学生的潜力，调动其积极主动性，提高大学生认识世界与改造世界的能力，促进大学生实现自身的全面发展。

（3）高校思想政治教育塑造大学生的人格。

提高人的素质，塑造健全人格，不仅是实现人的全面发展的必然要求，也是国家和民族努力奋斗以实现兴旺发达的必然要求。高校思想政治教育作为一种有计划、有目的、有组织的教育活动，在人的全面发展中起到塑造人格的作用，是塑造大学生的健全人格的必要条件与决定力量。其通过培养大学生良好的思想品质，规范其社会行为，使大学生形成良好的心理品质和崇高的精神境界，并沿着正确的方向不断发展，对造就全面发展的优秀人才起着至关重要的作用。

（4）高校思想政治教育激励大学生奋斗。

高校思想政治教育从大学生的思想认识入手，把握大学生的思想脉搏，提高大学生的思想觉悟，充分调动其积极性、主动性与创造性，引导大学生将自己从事的具体的科学技术业务同远大的理想目标联系在一起，以崇高的思想指引和鼓舞大学生不断在人生的道路上探索、追求，凭借巨大的精神动力，去克服主观与客观的困难和阻碍，最大限度地挖掘自身的内在潜力，开发自己的智慧宝库。高校思想政治教育正是通过革命理想和信念的巨大作用，引导大学生将思想、行为上的进步升华为学习、工作效率的提高，使大学生树立共产主义的远大理想与坚定信念，进而实现自身的全面发展。

（5）高校思想政治教育规范大学生的行为。

高校思想政治教育通过对符合思想政治教育方向、目标的思想、行为的正确性和偏离思想政治教育方向、目标的思想、行为的不合理性进行界定，来规范大学生的思想与行为。在思想政治方面，帮助大学生树立正确的政治观念，在思想信念中达成政治共识与思想一致；在行为规范方面，通过明确行为规范，对大学生的行为进行正确引导，防止其出现异常和越轨的行为；在人际关系方面，培养大学生良好的心理素质，加强彼此之间的沟通与交流，从而形成和谐的人际关系。与此同时，高校思想政治教育通过增强大学生的社会责任感，提高其政治素养；通过树立道德理性和公德观念，培养大学生的自律精神，提高其道德素质；通过提高大学生的品格修养，增强大学生的理想信念，培养大学生的科学民主精神和奉献精神。高校通过对大学生进行思想道德、精神品格方面的引导与教育，加强了对大学生行为的规范教育。由此可知，高校思想政治教育规范大学生的行为，为大学生整体素质的提高奠定了坚实的基础，有效地促进了大学生的全面发展。

2. 大学生的自由全面发展为高校思想政治教育提出了新课题

实现共产主义是一个漫长的过程，实现大学生的自由全面发展也同样是一个漫长的过程，其中每一个人、每一代人的发展，都是这一漫长过程的重要环节。因此，只有重视日常学习与生活中的点滴教育，循序渐进，才能最终实现大学生的全面发展。这个过程也是一个实践的过程，实践过程中主客观条件的变化会引起新情况和新问题的出现。因此，要增强高校思想政治教育的针对性与实效性，就必须重视对这些新情况和新问题的研究和解决，只有使高校思想政治教育的内容、形式和方法紧密联系实际，并且根据客观情况的变化及时进行改进与完善，才能真正提高思想政治教育的针对性与实效性，更好地促进当代大学生的全面自由发展。

马克思主义人的全面发展理论是马克思主义理论学说的重要组成部分。实现人的全面发展不仅是社会发展的根本目标，也是高校思想政治教育的目的与归宿。高校是培养全面发展的高素质人才的摇篮，高校思想政治教育不仅在大学生对于社会主义发展方向的适应中起着决定性作用，也在大学生获得知识和培养能力的过程中起到重要作用，是实现人的全面发展的重要途径。大学生的自由全面发展为高校思想政治教育提出了新课题，因此，高校思想政治教育必须以马克思主义人的全面发展理论为指导并将其贯穿于教育的始终，以转变人的思想、提高人的主体性为目标，通过满足人的需求、提高人的素质、活跃人的思想、振奋人的精神、增强人的凝聚力来充分调动与发挥人的积极性、主动性和创造性，最终推动人的全面进步。

二、按照人的全面发展理论的要求审视传统的高校思想政治教育存在的问题

高校是培养全面发展的社会主义建设者和接班人的基地，是构建社会主义和谐社会的重要阵地，思想政治教育为中国特色社会主义培养全面发展的人。但是，传统的高校思想政治教育存在着与人的全面发展的要求不适合、不协调的问题，其主要表现在：

1. 高校思想政治教育还存在"以知为本"的理念

理念是行为的先导，高校思想政治教育的理念对大学生的全面发展起着导向作用。我国高校思想政治教育长期以来是在工具价值观指导下的教育，在思想政治教育过程中把思想和知识等同，认为人只要有了某些知识就会自然而然地形成思想；思想政治教育不是"以人为本"，而是"以知为本"。殊不知，思想和知识有着根本区别。关于思想和知识的差异，许多学者都曾经论述过，概括起来，二者的根本差异在于知识是外在于人的，属于认知层面的东西；而思想却是内属于己的，属于精神层面的东西。思想是人脑对主体自身的社会存在的反

映。如果一个人的某种意识所反映的客观内容不包含自己，不是他自己与周围环境的关系，而是纯属外在的东西，那么这种意识就不是他的思想，而只是文化知识。在"以知为本"理念指导下的传统的高校思想政治教育漠视人的主体性，看重的是知识的传授和思想文化体系的建设；在教育方式上着重于强制性的灌输、训诫、评价和奖惩，体现为一种机械的思想管理，从而有意无意地遏制了大学生的主观能动性，在一定程度上抑制了大学生的思想发展，不利于大学生正确的世界观、人生观、价值观的形成。近年来，虽然"以学生为本"、学生是"教育主体"的提法多了起来，但并没有真正抓住"以人为本"的内核，说的是"以学生为本"，而实际做的仍然是"以知为本"。

2. 高校思想政治教育的内容还不够完善

目前，高校思想政治教育的内容已经形成了一套完整的体系，这为思想政治工作的开展提供了重要的依据和指导，对帮助学生形成正确的世界观、人生观和价值观是很有必要的。但不容回避的是，高校思想政治教育由于各方面的原因，在教育内容上仍不同程度地存在着重理论而轻实践、重说教而轻体验的现象，脱离社会实际和学生的需要。高校思想政治教育还停留在讲原理、讲法则上，重于告诫学生"必须怎样做""只能怎样做"和"否则会怎样"，给学生灌输的是一种如何学会自律的思想，而很少教育他们"可以怎样做"和"可以做什么"，这就使思想政治教育变成一种条条框框的"守则式"教育。思想政治教育中还存在着一些空洞的、过时的大话或套话，缺少与现实社会密切相连的具体的、实在的内容，以及在现实生活中具体可行的标准和参照体系。大学生在关心国家、社会的同时，也更加关心自身的成长和发展，他们思想上的困惑、学习中的苦恼、情感中的迷茫、人际交往中的烦恼、心理上的空虚等，都需要通过思想政治教育予以关怀、疏导和帮助。高校思想政治教育恰恰缺少这方面的有针对性的教育内容，因而难以引起学生的共鸣，也难以取得良好的教育效果。

3. 高校思想政治教育的方法实施上存在一味灌输的现象

高校思想政治教育的方法过于简单。受传统教育思想的影响，思想政治教育被单纯看作"传道"，采取灌输式的教育方法，而忽视了教育对象个体的内心认同。同时，在教育方法的选择和应用上，由于不能考虑受教育者的兴趣、爱好、思想水平和接受能力，结果导致思想政治教育工作功能的减弱。我们要强调人的全面发展，就必须让人这个世界的主体成为真正的全面的主体，理性、自主、自为、自由的主体，我们的思想政治教育就是要让人这个主体不断得到发展完善。遗憾的是，在我们的思想政治教育中，往往忽视了主体的目的性和能动性，没有很好地把"人"作为思想政治教育的目的和主体，而简单地把他们视作客休，只是思想政治教育的接受者、受动者。在高校思想政治教育过程中，大学生的主体性往往缺位，被置于被动的客体位置。其典型表现为教师仅将思想政治教育作为一种"课程形态"进行灌输，高高在上地"我说你听"，忽视大学生的内心感受，以及对大学生主体参与意识的培养、情感态度的互动沟通、道德的自我修养等等。思想政治教育虽然按课程要求和计划去开展了，却因方法的不得当并未取得理想的效果。

4. 高校思想政治教育环境缺少协调统一性

高校思想政治教育是一项系统工程，思想政治教育环境不但是思想政治教育过程中的要素之一，而且是整个系统的子系统，需要协调内部各个要素之间的关系。大学生的发展不仅受到个人努力和学校教育的影响，还会受到家庭教育和社会教育的影响。然而在现实中，很多时候会出现家庭教育、学校教育与社会教育三者不协调的状况。调查表明，多数家长重视对学生学习方面的督促，而忽视他们的人格发展和道德成长；社会对大学生群体思想政治教育的关怀也极为有限，家庭和社会中的德育资源尚未得到有效的开发和利用。在一定程度上，由于家庭、学校、社会三方缺乏整合，大学生在学校所受的教育有时甚至被家庭、社会环境的影响所消减，这对促进大学生的能力、个性、素质等诸方面的发展都是不利的。

因此，只有做到家庭教育、学校教育和社会教育相互结合，形成立体的思想政治教育体系，实现家庭教育、学校教育与社会教育的良性互动，才能为大学生全面发展营造和谐的氛围。

5. 高校思想政治教育队伍与人的全面发展不相协调

高校思想政治教育队伍是目前我国各大高校坚持社会主义办学方向，培养德、智、体全面发展的大学生的一支重要力量，是高校教师和管理队伍的重要组成部分。目前高校思想政治教育政工队伍中还存在着需要不断完善、不断创新的方面。首先，高校思想政治教育政工队伍呈现年龄偏大、知识陈旧的特点，已不大能适应当代大学生的个性特征和心理特点，从而不能针对大学生全面发展的需求做出科学的决策。针对这一现状，只有采取措施，全面提高队伍的管理育人水平，才能针对当代大学生的特点，为大学生的全面发展和学校的稳定发展提供保障。其次，思想政治理论课教师是大学生思想政治教育工作的主要承担者，在大学生的全面发展中起着至关重要的作用。近年来，高校思想政治理论课教师队伍迅速扩大，人员素质也有一定程度的提高，但在教师队伍建设方面还存在着一些突出的问题。大部分思想政治理论课教师能够忠于共产主义信仰，并用正确的世界观、人生观、价值观对学生的思想加以引导，起到以身师范的作用。但是，也有很少一部分思想政治理论课教师本身不信仰共产主义，又何谈让学生去信仰？自身的价值观就是歪曲的，又怎么去引导大学生树立正确的价值观？又何谈促进大学生的全面发展？所以，应该尽快针对这部分教师采取有效的措施，以保证思想政治课的实效性。

三、以人的全面发展理论为指导加强高校思想政治教育创新原则和途径

对于传统的高校思想政治教育在理念和实践等方面所存在的问题，思想政治教育工作者应该积极思考，并做出回应。而进入 21 世纪以来，社会发展的主导因素由客体转向主体，即人本身，在全面建设小康社会的进程中，党中央契合时机地提出了科学发展观，其首要内容即"以人为本，促进人的全面发展"。为此，高校思想政治教育必须以马克思主义人的全面发展理论为指导，探索创新与人的全面发展规律相适应的高校思想政治教育新途径，这具有积极的时代意义。

（一）高校思想政治教育创新的原则

1. 实践性原则

人的全面发展的社会性、实践性与思想政治教育的社会实践性是一致的。人的全面发展要求高校思想政治教育必须把教育与发展的实践结合起来，面向实践，增强教育的针对性和实效性。高校思想政治教育创新要坚持实践性原则，避免传统的理论教育的抽象化、概念化和教条化的痼疾，紧紧贴近生活，联系实际，增强教育的时代性、亲和力和说服力。同时，高校思想政治教育要追求理论教育和实践发展的有机结合，进一步增强将马克思主义理论同中国的具体实际和时代特征相结合的自觉性和坚定性，增强用马克思主义中国化的最新研究成果指导实践的自觉性和坚定性。要根据国情、党情、社情、民情等方面的变化，在内容、形式和机制方面增强高校思想政治教育的实践性，从而促进人的全面发展。

2. 先进性原则

坚持以马克思主义理论为指导，是思想政治教育的根本。作为马克思主义中国化的最新理论成果的"三个代表"重要思想和科学发展观，是高校思想政治教育的重要理论基础。高校思想政治教育必须以"三个代表"重要思想和科学发展观为道德之基、立身之本，坚持以人为本的理念，充分认识人的本质，对大学生的各种需要进行具体分析，增强高校思想政治教育的针对性，这既是对人的全面发展的基本要求，也是实现人的全面发展的根本动力。

3. 主体性原则

人的主体性不仅是人的全面发展的重要内涵，而且是人的全面发展的重要条件。人的发展的根本动力在于人的主体性。人的发展，从本质上说，是确立人在世界中的主体地位，发挥人的主体作用。促进人的全面发展是高校思想政治教育的最本质意义。因此，高校思想政治教育应该按照人的全面发展的要求，从促进社会发展的功能向"生产全面发展的人"的育人功能转变，把培养和弘扬大学生的主体性纳入高校思想政治教育的目标体系中，建立主体之间平等交往、双向互动的主体性思想政治教育模式，注重增强大学生的主体意识，培养大学生的主体精神，开发大学生的主体功能，从而塑造大学生的主体人格。

4. 持续性原则

人的全面发展是一个持续发展的历史过程，每个历史阶段的人的相对全面发展，构成了人的全面发展链条中必要的一环。思想政治教育就要在人的全面发展或人的全面性塑造中努力发挥自身的作用，从而推动人的可持续的全面发展。高校思想政治教育创新应坚持可持续发展原则，培养大学生的可持续发展，即丰富大学生的精神世界，挖掘大学生的各种潜能，优化和协调各种关系。要用先进文化陶冶大学生的情操，提高大学生的境界，实现大学生的思想、精神和心理的健康发展。要培养大学生协调优化人与自然、人与社会、人与他人以及人与自身等各方面关系的能力。同时，高校思想政治教育必须面向未来，以全面发展的人和全面发展的社会规范来引导社会发展，要让大学生培养成作为未来可持续发展社会中的现代人所应有的思想素质和道德规范。只有这样，高校的思想政治教育才是符合可持续发展要求的，也才能发挥出其应有的作用。

（二）高校思想政治教育创新的途径

人的全面发展是逐步提高、永无止境的动态历史过程，体现着绝对与相对、无限与有限的辩证统一，这就要求高校思想政治教育应当在人的全面发展理论的指导之下，与时俱进，不断创新，增强思想政治教育的针对性。当下我国高校的思想政治教育要适应新形势的发展要求，在继承既有的经验的基础上，结合新形势、新情况，把人的发展的继承性和连续性有机结合起来，从理念、内容、形式、手段等方面不断实现高校思想政治教育的创新，努力挖掘人自身的各种潜力，真正实现人的充分自主自觉的发展。

1. 高校思想政治教育理念创新

高校思想政治教育应以确立先进的教育理念为先导，为大学生的全面发展提供向导。高校思想政治教育理念创新必须牢牢把握马克思主义人的全面发展的科学内涵，树立以人为本的理念、务实的理念、发展的理念，发挥大学生的主体性作用，以实现大学生的全面发展为出发点和落脚点来制定工作的目标、内容、方法等。

（1）树立以人为本的理念。

以人为本的理念已成为当代中国社会发展和时代进步的客观趋势和要求，是推动整个中国社会进一步发展的指导思想。人是教育的出发点，也是教育的归宿；人是教育的基础，也是教育的根本。一切教育必须以人为本，这是现代教育的基本理念。在高校思想政治教育中，坚持以人为本就是提倡高校思想政治教育的本质是人的教育，还思想政治教育以"人本性"，使思想政治教育真正成为促进大学生全面发展的教育。也就是要彻底纠正高校思想政治教育中人缺位的状态，以学生为主体和目的，以学生为工作的出发点和落脚点，以全面开发学生的潜能和发展学生的人格为根本任务，以学生的发展为评价标准，围绕学生的生存和人格发展开展工作，为学生提供有价值的服务和指导。

（2）树立务实的理念。

从解决大学生的实际问题入手，提高思想政治教育的实效性。树立务实的理念，即在具体工作中注意从小处着手，切实解决大学生关心的实际问题，并将教育的内容和目标巧妙地贯穿在解决实际问题的过程中，争取达到既传播教育内容，又赢得大学生尊重的双重效果。如高校一方面可以充分发挥自身人文社会科学的优势，深入研究大学生思想政治教育中深层次的理论和实际问题；另一方面可以联系学生的思想实际开展专题报告、社会热点问题讨论等活动，有力地调动学生学习理论的主动性、积极性，激发学生思考问题的灵性。

（3）坚持全面发展的理念。

以大学生的全面发展为落脚点，增强高校思想政治教育的时代性。要遵循大学生全面发展的规律，遵循思想政治教育内化与外化的规律，把握大学生接受人的全面发展规律的心理，关注并尊重大学生主体性的高扬和发展，确立思想政治教育工作者的主体性与大学生的主体性共同发展的辩证统一的新理念，使主体性发展符合时代性。为适应市场经济发展，要着重培养大学生的竞争意识和创新意识，充分发展大学生的创造能力，变被动就业为自主创业，使高校思想政治教育符合时代发展。

2. 高校思想政治教育内容创新

按照人的全面发展理论的要求，高校思想政治教育的内容应包括政治教育、思想教育、道德教育、法制教育、心理教育等。它们是相互联系、互相渗透，互为条件、互相制约的统一体。当前，根据大学生的发展实际，以人的全面发展为引导，高校思想政治教育应重点突出以下内容：

（1）加强思想道德教育。

毛泽东关于人的全面发展的理论中谈到培养高尚的"道德的人"，他认为政治教育教会社会主义新人一定要有坚定的共产主义信仰，高尚的共产主义道德情操。当代大学生处于深刻的社会变革的时期，因此，高校思想政治教育应在坚持原则的基础上加强道德教育，以基本道德规范为基础，深入进行公民道德教育。要认真贯彻《公民道德建设实施纲要》，以为人民服务为核心，以集体主义为原则，以诚实守信为重点，广泛开展社会公德、职业道德和家庭美德教育，引导大学生自觉遵守爱国守法、明礼诚信、团结友善、勤俭自强、敬业奉献的基本道德规范。深入研究学生的接受心理和知行转换机制，精心设计落实教育的基本要求的一系列中介环节和实际步骤，把道德实践活动融入大学生的学习和生活之中，引导大学生从身边的事情做起，从具体的事情做起，培养良好的道德品质和文明行为。

（2）强化心理健康教育。

人的全面发展包括人的个性的自由发展，其中，人的心理因素的发展和完善是重要内容。现代社会的开放性、复杂性和易变性，尤其是多元价值观的冲击，使大学生的心理问题日益突出，不同程度地导致某些心理失衡、心理障碍和心理疾病。因此，高校思想政治教育要大力加强大学生的心理健康教育，根据大学生的心理特点，有针对性地讲授心理健康知识，开展辅导或咨询活动，以帮助大学生树立心理健康意识，优化心理品质，增强心理调适能力和对社会生活的适应能力，预防和缓解心理问题。帮助他们处理好适应环境、自我管理、学习成才、人际交往、交友恋爱、求职择业、人格发展和情绪调节等方面的困惑，提高心理调节能力，培养良好的心理品质。

（3）加强人格教育。

人格是思想道德素质的一个重要方面。当代大学生呈现出责任意识、践行能力、辨别能力、承受能力弱的特点，这就迫切要求高校思想政治教育加强大学生的人格教育。人格教育是通过观察、评定的方法来了解学生的人格特点，采取各种教育和心理学手段，补救和改进人格缺陷，促使人格健康发展，形成健全人格。高校思想政治教育要通过各种教育手段，促使学生加强对自己内心世界的了解，以及对周围环境的认识，使之能自觉地把握自我价值与人生意义，自己解决问题，从而自立、自强、自尊、自爱，进而导向健全人格。要培养学生坚持真理的理性精神和高尚的德行，保持人格完整与独立。要注重学生人格的协调发展，不仅要重视学生的社会化，培养社会发展所需的人格特征，使学生自觉养成理解别人、尊重别人、舍人之短、真诚合作的优良品质；而且要重视学生的个性化，强化学生的主体意识和主体地位，逐步培养当代大学生乐观、诚实、自信的健全人格。

3. 高校思想政治教育方法的创新

根据人的全面发展的深刻内涵以及思想政治教育的本质属性，高校思想政治教育必须进行方法的创新。

（1）改变传统的一味灌输的方法。

人的主体性的全面发展是人的全面发展的一个重要方面。很多高校思想政治教育中存在一味灌输的现象，忽视教育对象主体作用的发挥。所以，高校思想政治教育应在主体性原则的指导下积极培养大学生的主体个性与主体精神，提升主体人格。这就决定了在选择教学方式时必须确立学生在思想政治教育中的主体地位，发挥其主体作用，要求改革与学生主体性发展要求不相适应的教学方式方法，向现代思想政治教育方式转变。因此，在进行思想政治教育时，必须变单向灌输为双向交流，变重视结论灌输为注重过程的训练，变"以教师、教材、课堂为中心"为"以学生、情景、活动为中心"；更多地运用交互式、体验式、渗透式和咨询式的教育方法，给学生独立感知、自主思考、主动体验、积极探索的空间，让学生成为思想政治教育的主动参与者、体验者和探究者。

（2）采用多种教学手段。

当代大学生的思想构成的复杂性，决定了思想政治教育难以通过一种手段促进人的全面发展。因此，高校思想政治教育必须采用多种教学手段，齐头并进，形成教育合力，这样才能更好地促进大学生的全面发展。这就要求高校思想政治教育要利用一切可以利用的手段，通过板报、画廊、广播、电视、网络等多种形式，营造良好的思想政治教育环境，以增强思想政治教育的感染力和影响力。此外，还要利用现代化的科学技术，如现代传媒手段，宣传有新意、有时代气息、经得起实践检验的内容和道理，使思想政治教育更具有针对性和时效性。要重视引导学生通过体验、思考、自励、自省等自我教育的方式把自我的感受、体验上升为做人的道理，转化为追求真善美的内在动力。

（3）坚持教育与实践相促进的方法。

马克思的教育和生产劳动相结合是造就全面发展的人的唯一方法的观点告诉我们，教育和实践相结合是促进人全面发展的有效途径。高校思想政治教育既要重视教育的方法，又要重视实践的环节，努力把教育和实践结合起来，相互促进。要将大学生的社会实践活动纳入工作计划中，对活动内容提出明确要求，增强计划性，减少随意性；要在提供更加新鲜多样活动的场所、构筑更加宽阔的社会活动平台、创新有组织的多元化的社会考察形式上下功夫，充分利用所在地的教育资源优势，突出地方经济、政治和文化的建设成就，体现多样性和地方特色；要为社会实践活动提供必要的物质保障，确保足够的人力、经费投入和后勤保障，保证社会实践活动有条不紊地进行。要引导学生积极投身社会实践，通过参加公益劳动、社会调查、社会服务、勤工助学等各种社会实践，使学生在实践中增强社会责任感和历史使命感，形成正确的价值取向；在实践中磨炼意志，拓展能力，获得工作经验和实际工作能力，提高就业意识和就业能力；在实践中形成符合社会要求的心理品质，发展和完善人格，实现从自然人向社会人的转化；在实践中发挥自主性和创造性，实现个性的充分而自由的发展。

4. 高校思想政治教育环境创新

中共中央、国务院下发的《关于进一步加强和改进大学生思想政治教育的意见》，十分强调大学生思想政治教育的系统性和综合性，强调了营造良好的环境对于大学生成长成才的重要性，为大学生思想政治教育指明了方向。要建立与大学生全面发展相衔接、与大学生成长成才相适应的工作机制，就要整合高校思想政治教育的社会力量，为大学生全面发展营造和谐的氛围。

（1）家庭教育是高校思想政治教育不可忽视的环节。

作为社会的细胞，社会生活的基本单位，家庭是最先对人实施教育和产生影响的地方，是个人走向社会的桥梁；父母是子女的第一位老师。家庭环境不仅影响子女的个性发展，而且对子女的世界观、人生观、价值观的形成和确立都起着重要作用。因此，高校思想政治教育要根据家庭中父母对子女的权威、亲和力，探索建立与家庭相沟通的机制，积极开展家庭和学校的沟通和交流。例如，定期向每位学生家长寄发公开信，既可以让学生家长及时地了解到学校的近期动态，又可以使学校的相关政策得以顺利开展；每学期末向学生家长反映学生的情况，也是让家长了解学生在校学习、生活的情况的一个良好途径；此外，建设畅通的网上交流平台也是家庭学校交流的理想途径。

（2）着力优化校园环境。

大学校园为大学生个性的自由发展提供了广阔的天地，为他们发掘自我个性的潜能创造了条件。高校应遵循优化原则，营造良好的育人环境。首先，坚持依法治校，建立健全科学的规章制度，靠制度施行管理，其本质是使学校的治理法制化、科学化、制度化，以此规范和约束高校的管理行为，培养学生的法律意识，增强法治观念，养成遵纪守法的良好习惯。这既是创建和谐校园的根本保证，也是大学生全面发展的应有之义。其次，坚持民主管理，充分发挥学生会等社团联系大学生的桥梁和纽带作用，维护好广大学生的利益，保护好其积极性，开发好其聪明才智和潜能，使学生的主体作用得到应有的肯定和尊重。最后，凝炼大学精神。大学精神是大学文化的精髓与灵魂之所在，大学精神会不断地浸透到大学文化的行为主体和各种文化载体中，以其特有的导向、凝聚、激励、塑造等功能，在大学发展和人才培养中发挥着重要作用。要按照先进文化的发展要求，认真总结、提炼本校的优良传统，紧密结合时代精神，凝炼大学精神，形成浓厚的精神家园的氛围。

（3）学校、家庭、社会环境的协调统一。

高校思想政治教育仅靠家庭、学校或社会的任何一方面的努力都是难以很好地完成的，必须重视三者的合力作用，依靠全社会的力量，营造积极向上、健康文明的校园环境，以成就大学生的全面发展。首先，积极宣传社区主流文化。大学生的"三下乡"活动为农村、社区送来了科技和文化，同时也使得大学生自身的思想政治觉悟得到了很大的提升。这些不曾吃苦的学生们真真切切地感受到农民的辛苦，也了解到农村的真实面貌，为他们发愤图强、报效祖国打下了深刻的情感基础，这也正是"三下乡"活动的意义之所在。其次，积极倡导大学生奉献爱心、回报社会。在学生中积极开展"青年志愿者服务日"活动，带领大学生走出校门，到孤儿院、养老院等地方，为孤儿和老人送去温暖，送去自己的爱心；或者到附近的社区、街道等开展义工活动，服务社会，服务群众，共同构建和谐社区。多姿多彩的社区文化活动，如"城市之间""高雅音乐进校园"等活动的开展，都有利于宣传主流、上进的文化。推动和鼓励大学生们多参与此类活动，不但能够促使他们更多地接触社会，也有利于他们自身的文化熏陶。因此，要提高学校思想政治教育的实效性，就必须做到家庭教育、学校教育、社会教育的统一协调，齐抓共管，紧密配合，以形成合力，实现三者之间的良性互动，构建家庭与学校、社区联合的育人环境。

5. 高校思想政治教育队伍创新

加强高校思想政治教育队伍建设，是改进和加强高校思想政治教育，实现大学生全面发展的重要的组织保证和长效机制。根据新形势下改进和加强高校思想政治教育工作的需要，按照提高素质、优化结构、相对稳定的要求，一要加强政工队伍建设，二要提升教师的人格魅力。

（1）加强思想政治教育工作队伍建设。

要注意选拔一批德才兼备的年轻干部，以充实高校思想政治教育工作队伍，并针对政工队伍的现状，制订培训计划，加大培训力度，为高校思想政治教育工作人员创造良好的学习环境。通过多种途径，使他们的知识不断得到更新，理论水平和业务能力不断得到提高，能够运用现代的思维方式和工作方法做好本职工作。修订有关制度和办法，逐步完善思想政治工作的激励机制，努力建设一支政治强、业务精、作风正的高校政工队伍。

（2）提升思想政治理论课教师的人格魅力。

高校思想政治理论课是高校思想政治教育的主阵地，是帮助大学生树立正确的世界观、人生观和价值观的重要途径。因此，建设一支高水平的高校思想政治理论课教师队伍，对于培养合格的社会主义事业接班人意义重大。大学生是社会成员中知识层次较高的青年群体，促进大学生的全面发展，必然要求思想政治理论课教师与时俱进，始终走在时代前列，不断研究新情况，阐释新问题，做出新概括，讲出新东西，因此，思想政治理论课教师要提升人格魅力。教师的人格魅力具有深入性、持久性、渗透性的特点，对学生人格的形成起着牵引和感召作用。思想政治理论课教师要充分利用"春风化雨"的育人优势，在"传道、授业、解惑"中影响学生的心智，提升学生的道德人格境界。要以自己的人格魅力感化学生，通过言传身教来感染和引导学生。思想政治理论课教师要主动适应时代发展的要求、新世纪对人才培养的要求、高等教育改革发展的要求和培养高素质创新人才的要求，主动适应当代大学生身心发展特点的要求，转换角色，把握规律。要从自身做起，由传统教育的"传道、解惑、授业"转化为学生全面发展的引路人、示范人、参与人。在全球化、网络化和知识经济时代，深刻变化的国际和国内环境为高校思想政治教育促进人的全面发展提供了更为广阔的发展空间，但同时也产生了大量的新情况和新问题。

在这样的新形势之下，立足于人的全面发展的要求，审视了传统的高校思想政治教育存在的问题，进而提出了高校思想政治教育只有在人的全面发展理论的指导下，不断更新理念、拓展内容，探索新方法，解决新问题等，才能实现培养更多的全面发展的人才的目标，才会显示其旺盛的生命力和重要的价值。

第五章
人的全面发展理论对大学生
思想政治教育的重要意义

　　科技的发展和生产力水平的提高，使得人们的物质生活水平得到极大改善，更多的人把目光投向自身，认识到社会发展的终极目标就是实现人的全面发展。思想政治教育的理论基础是马克思主义，马克思主义关于人的全面发展的理论，从根源上讲，就是关于人的自由全面发展的理论，人的个性、素质、能力、社会关系的协调发展是这个理论关注的最核心的问题，这一理论为思想政治教育在新时期促进人和社会发展提供了坚实的理论依据。

一、人的全面发展理论是高校思想政治教育的理论源泉

　　我国是社会主义国家，我国高校思想政治教育的理论基础来源于马克思主义理论。在教育领域，应该从马克思主义中提炼、挖掘，将马克思主义人的全面发展理论作为思想教育最重要的理论源泉和依据。我党自成立以来就始终把马克思主义理论作为国家政策的理论根基。从毛泽东的"为人民服务"，到邓小平的"三个有利于"，江泽民"三个代表"重要思想，再到如今的科学发展观和"四个全面"发展战略，我党始终在把人民群众的利益放在第一位。随着高校的大规模扩招，毕业生的数量持续走高。由于受到多种因素的影响，大学生的就业率不高，甚至有了"毕业就是失业"的打趣说法。针对这种情况，教育部制定了关于裁撤学校低就业率专业的政策，对一所学校连续年份的

毕业生就业情况进行跟踪调查，不符合市场经济需要的专业减少招生名额，直至撤销专业设置。与此同时，国家在就业层面积极出台政策，增加公务员招录名额，鼓励校企联合培养人才，"三支一扶"计划等，尽可能让大学生尽早走上工作岗位，在现实生活中充实自己，提高自己。

马克思人的全面发展的思想基础是马克思所创立的唯物史观。马克思在阐述唯物史观的历史发展脉络中，阐发了丰富的人的发展思想，有力地论证了人的生产能力的发展是人的全面发展的重要内容。同时，马克思也表明，在共产主义社会，人的自由而全面的发展因生产力发展的必然性而得到保障，无产阶级革命对于人的发展具有深刻的历史变革意义。当前中国正处于社会主义初级阶段，当务之急是为人的全面发展创造条件。因此在制定各项方针政策时，必然要为实现每个社会成员的全面发展而考虑。虽然实现这个目标需要一个长期的过程，但我们并不会为了经济的发展而忽视人的全面发展。我们在强调经济快速、持久发展的同时，也要注重人的发展环境和发展机遇。任何政策的调研、制定和实施都要保证最广大人民群众的可持续的发展，只有最广大的人民群众发展了，我们的社会才会持久健康地发展。

世界各国都有自成一体的思想政治教育系统，其从事思想政治教育的方法和手段也是五花八门。但是说到底，思想政治教育的对象是人，从事思想政治教育也就是做人的思想方面的工作。我党历来高度重视高校思想政治教育工作，党和国家的几代领导人在不同的国内、国际形势下先后提出了各自的思想政治教育主张，为思想政治教育工作指明了道路和方向。然而，虽然时代不停变迁，马克思主义理论却依然闪烁着高瞻远瞩的智慧光芒。不同时代的领导人都汲取了马克思主义的精华，先后继承和发展了无产阶级老一辈的人的全面发展思想，用中国共产党人的集体智慧书写不同时期我国思想政治教育的新篇章。

1. 人的全面发展理论为思想政治教育指明目标

思想政治教育工作是从事人的思想工作，应有具体的工作目标。马克思主义理论中人的全面发展既是高校思想政治教育的出发点，也是思想政治教育工作的终极目标。我国社会正处于转型期，社会和人都发生了极大的变化。马克思主义人的全面发展理论为思想政治教育提供了坚实的理论依据，人的全面发展的内涵是高校思想教育的根本任务、发展方向以及施行方式的根据。特别是在经济全球化和不断繁荣发展的社会主义市场经济背景下，思想教育更应结合具体环境，以人的全面发展理论为指导，为实现人的全面发展这一目标提供不竭的精神动力。

（1）个人社会关系的发展需要拓宽思想政治教育的接触面。

社会发展的最终目的是实现人的发展。人的发展既是社会发展的动力来源，又是社会发展的目的，社会的发展和人的发展相互作用，共同推动时代的发展。高校思想政治教育以人的全面发展理论为出发点，促进大学生的个性、能力、素质、社会关系协调发展，才能把大学生培养成具备扎实的专业基础知识、良好的道德修养、高尚的审美情趣以及健康的体魄的社会主义现代化的建设者和接班人。大学生性格较为单纯，很少为生活经济来源发愁，社会关系比较简单。除了家人、亲戚、同学和老师外，他们不需要接触更多的社会关系。马克思人的全面发展理论告诉我们，个人的社会关系的全面发展对个人的成长有很大影响，因而高校思想政治教育工作应该因地制宜，开辟大学生接触社会的渠道，拓宽其与现实社会的接触面。之所以要拓宽大学生与社会的接触面，是因为社会关系的发展对大学生的进步和提升大有裨益。

首先，社会关系的发展教会大学生更多的实用知识。在更广的社会关系中，大学生能够更好地发现自己的长处和不足，从而扬长避短，充分利用实践的机会，完善自己的品格，为踏入社会做好准备。

其次，社会关系的发展促进大学生心理健康发展。近些年来，高校安全事故时有发生，从 1994 年朱令铊中毒事件到 2004 年云南大学马加爵事件，再到 2013 年复旦大学饮水机投毒案件，一件件惨案发人深省。而社会关系的发展，能够打破原先封闭的社交圈子，使拥有不同个性和特质的人加入进来。每个人为了发展、提高自己，不得不适应新的社会关系，这就促使大学生改变或者根除之前的不健康心理，朝着适应集体氛围的方向发展。

最后，社会关系的发展引导大学生正确定位，学以致用，身体力行。现在大学生就业困难的原因之一是：技术活干不了，体力活不愿干。在投递简历和报考公务员时，拈轻怕重，对边远地区和一线工作岗位视而不见；对一些技术要求相对较高的职业，又没有信心和实力去争取。这些问题的根源在于大学生自身的定位出了问题。社会关系的发展可以帮助大学生尽快融入社会，将自己的职业规划与现实情况联系起来，在未来的职业中有发挥自身才能的空间，同时在工作中不断发展和深化自己的认知和学习水平。

拓宽社会接触面，需要高校思想政治教育工作者做好前期的预案和搭桥的准备。高校思想政治教育工作者应时刻谨记自己身负的教育重任，把握大学生思想政治教育工作的规律，为更多的大学生提供尽早接触社会的机会和条件，为培养德才兼备的社会主义建设者贡献力量。

（2）个人能力的发展给思想政治教育提出新课题。

思想对一个人的活动起指导作用。正确的思想意识对人的活动有促进作用，可以引导人们进行正确的社会实践；而错误的思想意识则会阻碍人们改造自身和世界的进程。思想政治教育为大学生的发展提供坚定的政治方向，有利于大学生树立科学的思想观念，培养良好的道德品质，在思想上为大学生提供了正确的方向，为其全面发展提供了正确的价值导向。大学的主要任务是培养人的能力，使其成为道德健全、人格完整、身心健康的社会建设者，而思想政治教育工作则为大学生能力的培养指明了方向。在我国，高校思想政治教育工作就是引导和教育大学生掌握马克思主义理论，培养大学生的爱国情操，弘扬爱国主义精神，提高大学生的综合素养。在新时期、新形势下，个人能力的发展需要给思想政治教育提出新课题。

首先，实现人的能力发展的路径方面的新课题。马克思主义人的全面发展理论认为，人的能力的全面发展不仅需要发挥个人的内在能动性，还需要外在因素的推动。个人能力的发展很大程度上取决于个人自身的理想和努力。一个人即便拥有远大的抱负，如果不能脚踏实地，从小事做起，也很难取得伟大的成就。因此，在人的全面发展的问题上，个人的自觉性和能动性往往制约着个人能力的发展。与此同时，思想政治教育工作者也要考虑到外在因素对于大学生能力的发展的影响。高校思想教育者应立足本地区、本学校的实际情况，着眼长远，研究和制定出适合本地区、本学校需要的大学生课程设置与安排，尤其是大学生的社会实践安排，更应该联合大学生的培养计划，有步骤、有计划地安排适合大学生认真完成实践课程。高校思想教育者应该在大学生成长和性格定型的关键时期做好引导和教育，做好大学生成长成才途中的指路人。在高校中，大学生只有充分发挥内外因的作用，才能在学习中掌握技能，实现全面发展。

其次，人的全面发展的阶段方面的新课题。马克思认为："人们的社会历史始终只是他们的个体发展的历史，而不管他们是否意识到这一点。他们的物质关系形成他们的一切关系的基础，这些物质关系不过是他们的物质的和个体的活动所借以实现的必然形式罢了。"①人的全面发展具有一定的相对性和阶段性特点。在人类社会的历史长河中，人的发展是循序渐进的，不可能一蹴而就，不同时期的发展阶段组成了人的全面发展这个宏大的主题。

最后，人的全面发展的标准方面的新课题。在任何一个历史阶段，人的全面发展也没有绝对的、恒定的标准，我们不能用特定历史条件下的个人发展作为人的全面发展的绝对标准，更不能用理论中的标准来猜想和衡量。人的全面发展依靠于社会主要矛盾的产生和解决，在不同的社会发展阶段，人的全面发展的标准也是变化的。

（3）个人需要的发展对思想政治教育提出更高的要求。

个人需要的发展是多方面的，按照美国心理学家马斯洛在《人类的动机理论》中的表述，人类需求可以划分为五个层次：第一个层次为生理需要，如衣食住行等，这是人最基础的需要；第二个层次为安全需要，包括心理上与物质上的安全保障，如人身安全、社会救济、社会保障以及退休金等；第三个为社交需要，人是社会性动物，有亲情、友情、爱情等的感情需要，在人际交往需要彼此认同、互助和赞许；第四个层次为尊重需要，包括要求受到别人的尊重和自己具有内在的自尊心；第五个层次是自我实现需要，指通过自己的努力，实现自己对生活的期望，实现自己的人生价值，为社会创造财富，从而真正感受到生活和工作的意义。

---

① 马克思，恩格斯. 马克思恩格斯选集[M]. 第1卷. 北京：人民出版社，1995：71.

一个人在成长过程中会遇到各种各样的挫折，只有自身拥有强大的精神动力，才能积极主动地克服各种困难，应对各种挑战。思想政治教育运用马克思主义者结合社会发展各个时期的实际总结出来的宝贵经验和丰富理论，激励大学生克服前进道路上的各种阻碍，勇往直前、积极探索、挑战自我，不断开发自身的潜能，追求自身发展的完善与协调，为其全面发展提供强大的精神动力。在前两个需要已经得到满足的基础上，绝大部分大学生的需要是社交需要以及尊重需要，大学生的需要之路还有很长的路要走。

首先，思想政治教育工作者应引导大学生树立正确的择业观、就业观。大学生树立正确的择业观、就业观十分重要。思想教育者应积极地为大学生的就业创造机遇和条件，从大学生活开始就敲响职业规划的警钟；在大学生活中，应组织大学生参与职业生涯规划；毕业前夕，高校应出台一系列解决就业的方法和举措，如组织校园招聘等。

其次，思想政治教育工作者应教育大学生脚踏实地，培养大学生吃苦耐劳的精神。无论从事再好的职业，如果不尽心尽力去做好每一件事，就无法实现自我实现的需要，也不会得到别人的尊重。相反，三百六十行，行行出状元，无论从事什么职业，只要肯持之以恒地干下去，最终会得到别人的尊重和认可。

最后，明确生活目标，在平凡的岗位做出不平凡的贡献。每个大学生都来自不同的生活背景，其需求也是不一样的。有的大学生希望找到一份体面的工作，有的希望继续深造，还有的学生则希望在社会中实现自己的人生价值。

总之，个人需求的发展是高校思想政治教育的重点和难点，面对严峻的就业形势，高校思想政治教育工作需要提前预判，提前安排，为毕业生的顺利就业做足功夫。

2. 人的全面发展理论提升思想政治教育的教化功能

简单来说，思想政治教育就是一堵思想"防火墙"，用来引导、教育人们了解和熟悉国家的主流意识形态，逐步掌握正确的思想武器，坚持正确的主流思想。一直以来，思想政治教育工作在社会生活中担负着在政治方面的意识形态功能，这充分体现出思想政治教育的必要性和重要性。

　　每个国家的思想政治教育都是为国家统治服务的，统治团体或者党派从维护自身统治的需要，支持和宣扬顺应自身统治需要的主流意识形态。对内，思想政治教育主要是传承我们悠久的历史文化精髓，培养国人的爱国主义精神，陶冶爱国情操。通过宣讲先贤的故事、革命年代的动人事迹，开发红色旅游线路，提升国人的民族自信心和荣誉感，勉励世人珍惜现在来之不易的幸福生活。就我国而言，虽然周边仍不时有摩擦，但外部环境是相对和平的。但就是在这样和平的环境下，我们也应该保持高度警惕。资本主义的入侵已经由飞机大炮等赤裸裸的武力侵略，转变成以文化输出为代表的软实力侵略。这种和平演变的形式具有很强的隐蔽性，我们必须提防资本主义的种种暗流。

　　在高校思想政治教育中，由于时代不同，信息的病毒式传播对思想政治教育工作提出了更高的要求。我们必须把高校作为思想政治教育的制高点，激发大学生的学习动力，引导大学生正确看待资本主义光怪陆离的文化入侵，在信息的洪流中不为不良诱惑所动摇，不为外界虚假消息所迷惑，坚定不移地走中国特色社会主义道路，听党话，跟党走。只有这样，高校思想政治教育才能培养出合格的社会主义建设者和接班人。

　　人的全面发展引导人们学会正确看待个人全面发展与社会全面发展的关系。全面发展的个人不会是自然的产物，而是特定的社会历史发展条件下的产物。这是一个漫长的社会发展阶段演变的过程，是人类社会发展规律的充分展现。在共产主义社会中，人的全面发展和社会的全面发展达到了和谐的统一。社会发展为人的发展提供存在基础和发展空间，人的全面发展为社会的发展增添力量。在共产主义社会，人们摆脱了资本主义社会关系，进入史无前例的个人全面发展的大好历史时期。

　　人的全面发展理论教育人们理性地看待人的发展的困境和难题。当前我国还处在社会主义初级阶段，人的全面发展，尤其是大学生的全面发展，还有很多限制性因素。有些大学生会因为现实生活的不顺心、不如意而动摇个人刻苦学习和勤劳努力的信念，这是不可取的。我们应该全面地看待个人发展中所遇到的困境和难题。首先，我们具备了实现全面发展的个人条件。大学生精力充沛，记忆力好，在接受高等教育中，自己的生存和安全是稳定的、有保障的。大学生的生活压力小，经济负担轻，从纯粹的生存意义上看，大学生实际上拥有了更多的全面发展的剩余时间。其次，自身的努力和回报是成正比的。大学生具备全面发展的优势条件，如果不能好好地利用这些优势，而是安于享受、不动脑筋、不愿吃苦，就丧失了自身的优势；只有充分利用自身的优势条件，发扬吃苦耐劳的精神，才有可能实现个人的发展。最后，放眼长远，对破解人的全面的发展的困境和难题充满信心。社会的发展无法完全消解掉阻碍人发展的不利因素，同时，人的发展问题也是一个长期的问题。因此，理性地看待现实的困难，有利于我们树立正确的成才观，也对实现人的全面发展树立信心。

二、人的全面发展理论在大学生思想政治教育中的地位

相较于社会环境，高校里的环境要简单很多。高校是大学生求知的地方，也是思想传播的阵地。在大学里，思想政治教育直接影响到大学生的思想道德素养，也影响到国家未来的可持续发展。因此，人的全面发展理论确定的发展对象和目标，对于思想政治教育工作来说具有重要意义。

1. 人的个性发展理论在大学生思想政治教育中的应用

思想政治教育是研究人的学科。作为教育对象的人具有主体性，因此人的个性的自由发展无疑是重中之重。同时，培养学生健康的体魄、积极进取的学习态度，培养学生的自主学习能力和动手创新能力，也是思想政治教育工作的重要任务。在高校思想政治教育工作者进行教育工作时，要在选择和确定教育内容、教育方式和方法上下足功夫，要坚持以人的全面发展为出发点，真正做到因材施教。同时，教育工作者要做到公平与公正，在入党和评奖评优方面坚持公正，让每个人了解和熟悉操作流程，对出现的疑惑和误解要及时察觉和排除；对刚经历高考、步入大学生活的大学生，在学习上予以认真的教育和督促，

在生活上给以无微不至的关怀，关心困难大学生的日常生活，尤其要做好社交困难、自卑的贫困大学生与同学之间的交流和融合工作；在职业规划方面，根据大学生不同的个性特质和兴趣爱好，有针对性地进行引导。教育工作者要以一切为学生服务的心态，主动深入大学生的生活，了解他们的思想动态，和大学生在同一个思想平台进行交流，让学生更好地融入集体，从而实现大学生的全面发展。

2. 人的能力的发展在大学生思想政治教育中受到重视

人的能力的发展是人的全面发展的重要组成部分。高校大学生的需要主要有两个，一是身体和心理的健康成长，二是成为德才兼备的实用人才。在几年的大学生涯中，大学生强健了体魄，打牢了学科理论基础，获得了相应的学习能力和专业技能。与此同时，通过高校的引导和教育，绝大部分大学生在日常学习生活中，掌握了与人交流、协作的社交技能，这些促进了大学生社会关系的发展，锻炼了他们社交、管理、团结协作的能力，使他们具备了较好的心理素质和抗压能力。以上这些能力的形成和发展对高校思想政治教育工作提出了更高的要求。在进行思想政治教育时，应坚持以学生的需要为中心，坚持以人为本这一出发点，借助高校教育的优势平台，加强大学生各方面能力的引导、激发和培养，为大学生提供充分发展能力的平台和空间，实现他们的全面发展。

3. 人的主体性理论在大学生思想政治教育中得到体现

"主体性"一词最早来源于哲学，是指人在实践过程中表现出来的能力、作用、地位，即人的自主、主动、能动、自由、有目的地活动的地位和特性。马克思主义人的全面发展理论指出，"人的全面发展理论的实质是人的主体性的发展和提升"[①]。马克思认为，人的主体性的发展需要内外部因素的同步和谐发展。其中，人的内部因素包括人的体力发展、心理发展以及智商、情商的发展；人的外部条件主要是指

---

① 马克思，恩格斯. 马克思恩格斯全集[M]. 第3卷. 北京：人民出版社，1995：458-459.

作为主体的个人所处的人与人、人与社会以及人与自然关系的发展。只有当内部因素和外部条件同时得到满足时，人的主体性才能最大限度地得到发展。

在市场经济条件下，每个人都渴望自己的主体性得到发展。这时，思想政治教育在人的主体性发展中起着义不容辞的重任，其主要表现为：思想政治教育与时俱进，以人为本，探究人的主体性的应用。在党和国家高度重视思想政治教育的背景下，我国的高校思想政治教育始终紧贴社会发展的需要，与时俱进。在高校教育中，多学科紧密结合，校内理论与校外社会实践、调查相结合，促进大学生各方面能力的发展。

人的主体性的推广和应用，增强思想政治教育的科学性和实践性。思想政治教育作为一门独立的学科，是具有研究对象、研究目的、教育内容、教育方法的完整的教育体系。因此，思想政治教育是一门具有实践性的学科。在实践的过程中，思想政治教育工作者要以人的主体性为前提，遵循人类的发展规律，因而具有极强的科学性。正是思想政治教育的科学性和实践性，帮助高校思想政治教育工作者站在人性的高度，不断顺应时代发展的需要，促进受教育者的发展，同时为思想政治教育工作的理论创新提供指导和检验标准。

三、人的全面发展理论对大学生思想政治教育的指导

1. 人的全面发展理论对思想政治教育内容的指导

第一，思想政治教育应加强形势政策教育。思想政治教育要注重紧贴大学生生活实际，最好能以发生在大学生身边的或者大学生关注的事件为突破口，分析当前社会的舆论焦点。思想政治教育工作者最好能以专题的形式，深入浅出地为大学生授课。这种紧跟社会大事件的形势政策报告会，有助于大学生正确认识国家大事，分辨事情的真假善恶。在开展形势政策教育的过程中，高校思想政治教育工作者可以充分利用现代多媒体，在互联网上搜集和下载相关热点事件的来龙

去脉，并鼓励大学生以此为契机，开展分组讨论。大学生正值青春年华，具有充沛的精力与满腔的热血，对国家和社会充满责任感。然而，一旦被不法分子利用，也容易给社会造成恶劣影响。这就需要思想政治教育工作者引导大学生合理地表达自身的爱国热情，坚持正确的是非观念，不盲目，不冲动，理性的表达爱国主义情感。

第二，思想政治教育应该加强传统文化教育。中国是世界四大文明古国之一，拥有五千年的悠久历史。中国的传统文化绵延不绝，形成了世界文化史上持续时间长、保存和继承完好的一道独特风景线。传统文化在中华民族的生存和延续中发挥着不可替代的作用，孕育和塑造了中华民族的民族性格和品德。没有对于文化传统的继承，就不会有好的教育。因此，教育尤其是高校思想政治教育工作必须以传统文化为基础，在祖先遗留下来的文化宝库中汲取养分。

首先，传统文化为思想政治教育提供了具有生命力的文化遗产。在五千年的历史长河中，至今仍闪耀着光辉的人物和事件不胜枚举。孔子"不耻下问"、孔融让梨、祖逖闻鸡起舞、岳飞精忠报国等，时刻教育我们后人应该勤学好问、与人为善、热爱国家。当然，这只是传统文化的冰山一角。高校思想政治教育应该批判地继承传统文化，"择其善者而从之，其不善者而改之"。

其次，传统文化提升了思想政治教育的说服力，增强了受教育者的归属感。传统文化是几千年来人们的社会生活、生产实践所积累的思想产物。在这些思想的萌芽、发展和成型过程中，不断得到检验和更正，最终被普遍接受。在高校教育中加强传统文化教育，满足了大学生追根溯源的探索心理，也提升了他们的民族自豪感。经过实践检验的文化，在思想政治教育中有着很强的说服力，可使被教育者具有更强烈的归属感。

最后，只有融合传统文化的中国化的马克思主义，才能在思想政治教育中发挥更大的作用。要深入挖掘传统文化的现实教育功能，继承和发扬优秀的传统文化，以深化思想政治教育的内容，同时，高校思想政治教育要不断吸收当前的国际时事热点，结合实际来增强教育的有效性。在思想政治教育的指导方针上，始终坚持走马克思主义道路，以马克思主义理论武装大学生。面对纷繁复杂的社会环境，高校思想政治教育工作者必须以马克思主义为指导，依托传统文化的底蕴，融合我党思想政治教育的实践经验，以切实做好新时期大学生的思想政治教育工作。

2. 思想政治教育侧重理想与现实的统一

歌德说过："人的才能最好是得到全面发展，不过这不是人生来就可以办到的。每个人都要把自己培养成某一种人，然后才设法去理解人类各种才能的总和。"由此可知，人的全面发展不仅是一个理想目标，更是一个现实问题。因此，在当下社会，要想促进人的全面发展，高校思想政治教育工作者必须将理想性和现实性相结合，理性地看待和促进人的全面发展。

我们应该关注马克思著作中表述的人的全面发展的目标本身。马克思关于人的全面发展的目标是基于科学论证得来的。马克思和研究马克思主义理论的中国学者认为，人的全面发展既是一个科学论证的目标，也是一个可以实现的目标。只要社会生产力持续发展，人的发展就不会停止，人的能力的发展是与人的实践水平是一致的。但是，要想使人的能力发展到超越现实条件、达到无所不能的地步，是不符合实际的，对此我们要有清楚的认识。因此，人的全面发展的目标是一个始终变化的理想目标，处于特定阶段的人不可能掌握所有的知识和技能，但这并不意味着马克思主义人的全面发展理论是空谈。人的全面发展也要立足于现实，不同的时代对全面发展内涵的理解也都不相同。

首先，要正确看待人的全面发展的不同阶段。在资本主义之前的社会，人们的需要比较简单，主要是满足自身的生存需要。有些人甚至连生存都得不到保障，不得不为求得生存而抗争和战斗。在这个时期，人与人之间的社会关系也比较单纯，精神需求相对比较低，个人的主体性意识还没有启蒙。进入资本主义社会以后，社会化大生产使得社会关系愈发复杂，人们逐渐有了自我意识和主体意识；在满足生存需要以后，人们产生了权利意识，精神需求不断提高。步入共产主义社会以后，人们将彻底摆脱物质需要的约束，有了更多的时间从事文化、艺术等精神层面的追求。到那时，每个人的发展都是充分和全面的。可见，每个阶段的人的发展需求是不同的。因此，在当下的社会条件下，要将理想性和现实性相结合起来，正确地看待和促进人的全面发展。

其次，要理性地看待高校思想政治教育的作用。按照马克思人的全面发展理论，人的发展始终是与社会的发展相一致的，社会发展的程度决定了人的全面发展的深度和广度。同时，人的全面发展还受到个人能力、内在需求和多种社会客观条件的制约。人是社会中的人，每个人的全面发展无疑会推动整个社会的发展。同时，社会的发展也会给人的全面发展创造良好的社会环境和物质基础。思想政治教育在人的全面发展过程中起到引导、矫正的作用，使人的全面发展少走弯路，并且沿着正确的方向加速前进。但是，我们不能盲目夸大思想政治教育的作用。我们应该看到一个国家的思想政治教育的发展程度和水平不可避免地受到社会生产力和社会文明发展程度的影响和制约。生产力的发展状况决定着思想政治教育的目标、内容、方法和水平。因此，我们要客观、理性地看待思想政治教育的作用，既不能盲目夸大其作用，也不能贬低它的功能。只有理性地看待思想政治教育的作用和教化功能，才能摆正思想政治教育在社会中的位置，最大化地发挥其在促进人的发展方面的效用。

坚持思想政治教育理想性和现实性相结合，让我们从新的角度审视高校思想政治教育存在的不足之处。在我国传统的思想政治教育的内容中，关于远大理想、坚定信念方面的理论阐述很多，而对于在现实社会中出现的种种问题，如大学生就业问题、大学生心理健康问题、普遍存在的信仰缺失等，则较少论及。脱离了社会实际生活，思想政治教育就会变得空洞，无法在受教育者心中生根发芽，因此难以发挥其真正的作用。因此，高校的思想政治教育必须紧紧把握时代脉搏，紧贴社会实际情况，把理想和现实统一起来，晓之以理、动之以情地做好对大学生的引导、教育工作。

四、人的全面发展理论对大学生思想政治教育的目标指导

1. 以培养身心健康、学以致用的人为现实目标

身体是革命的本钱，健康的心理赋予了人更大的发展空间，学以

致用更是为人的全面发展提供了无限可能。思想政治教育要培养身心健康、学以致用的人才就必须努力做到以下几点：

第一，引导大学生树立正确的成才观。正确的成才观对人的发展影响深远。一个人要想成才，健康的身体不可或缺。强健的体魄为人的持续深入学习、参与活动实践提供了基础。同时，健康的心理也是成才所必备的素质。拥有了健康的心理，大学生在集体生活中才能感受到乐趣，才愿意为团队的目标统一协作，才能在多种社会关系中锻炼自己的人际交往能力。

第二，帮助大学生树立正确的择业观。当前，好的就业机会紧俏、所设专业与实际需要不符，以及大学生自身定位等众多因素导致了大学生就业难的问题。抛开其他客观因素不谈，大学生自身的择业观就很值得讨论。现在的大学毕业生普遍存在眼高手低的问题，艰苦的岗位不愿涉足，条件要求高的企业又不太够得着。在就业压力之下，有的人选择封闭自己，沉迷于网络或游戏，啃老、自暴自弃。思想政治教育坚持马克思主义人的全面发展理论，帮助大学生矫正错误的择业观，在大学生活中真正地认清自己，明确定位，鼓励他们在社会实际工作中不断磨砺和提升自己。

第三，树立并宣扬成才典范。人的全面发展是多渠道、全方位的，并且在不同的历史阶段，全面发展的表现形式也不一样。为了引导和鼓励更多的人成才，思想政治教育需要树立成才典范，并加以宣扬。榜样的力量是无穷的，树立和宣扬全面发展的典范有利于阐明思想政治教育的观点和宗旨，为后来人树立追随和模仿的标杆。

2. 以培养能力型的社会主义建设者和接班人为长远目标

在中国社会的革命时期、建设时期以及发展时期，我们党历来高度重视思想政治教育工作，思想政治教育也在中国社会的不同阶段发挥了重要的作用。在新时期，思想政治教育更应承担起培养社会主义建设者和接班人的重任。

思想政治教育以培养能力型人才为长远目标。在我国权力高度集中的计划经济体制时期，经济发展环境受限于政治因素，社会生产匮乏，人的需求受到抑制。由于人的需求得不到满足，人的能力发展的主动性和指向性受到遏制，受制于单调的社会关系，人们没有从事生产技术革新的意愿，而更愿意吃大锅饭。但在如今的社会主义市场经济环境下，国家和社会需要复合型人才。市场经济实际就是一种竞争经济，每个人、每个组织凭其能力、实力来从事经济活动，参与市场竞争。市场经济的竞争从根本上说就是人的能力竞争，每个人积极发挥自身的主动性和创造性，凭借自身能力获得生存、发展并获得物质选择的自由，从而获取从事经济活动的主动权。更多有能力的人聚集在一起，就形成了公司制，这为市场经济活动的深化和扩张增添了助推器。

培养能力型人才是高校思想政治教育的必然要求，为社会主义现代化建设培养合格的建设者和接班人是思想政治教育的重要目标。社会主义合格的建设者和接班人必须具备较高的政治素质和道德素养，还必须具有建设现代化的知识水平和能力技术。这就要求思想政治教育充分激发人的需求渴望，引导人们积极、主动地培养自身能力，挖掘自身的潜力和社会关系资源。培养能力型人才是传统的思想政治教育向现代转化的重要标志，这是新时期党和国家重视人的全面发展的重大举措。传统的思想政治教育要求个体严格服从现行社会的秩序和道德规范，忽视了个体的特殊性和多样化的发展需求，不利于人的全面发展。把培养能力型人才纳入思想政治教育之后，人的潜能发掘、能力培养及提高受到高度重视。思想政治教育由传统向现代转变后，更加关注人、尊重人，努力为人的能力发挥、个性彰显创造机会和条件。

培养能力型人才成了时代赋予思想政治教育的新任务。社会主义现代化建设需要德才兼备的能力型人才。在市场经济环境中成长的能力型人才可分为两种：一种是在竞争条件下公平竞争，积极回馈社会，品德高尚，拥有较高的社会责任感。这些能力型人才在自身发展得到满足后，通过物质馈赠和精神分享来回报社会，指引后来者以及下一代正确地成长和发展。这对整个社会的长久稳定和持续发展都是有利的。另一种是在竞争中不择手段，不计社会和环境成本，一切从自身的利益出发。这种功利主义思想对社会产生了不良影响，甚至可能造成极大的危害。近年来，我国每年都会有食品安全问题暴露出来。个别行业中的"明星企业家"，为了企业效益的增长，昧着良心、冒着被法律制裁的风险，继续对社会公众隐瞒真相，丧失道德，为了个人的经济利益不惜在公众面前撒谎，最终受到了法律的严惩。

3. 以实现人的全面发展为终极目标

思想政治教育作为一种精神生产实践活动，其最终目的是促进人的全面发展。但在实现的道路上，还有许多工作要做。首先，思想政治教育工作者必须提高拒腐防变意识。针对资本主义以文化输出为新特点的软实力渗透和腐蚀，我们必须提高警惕。在现实生活和工作中坚定不移地支持国家的各项方针政策，正确看待社会发展过程中所遇到的问题和人的生存困境，理性看待社会中存在的某些不公平的现象和个别政府官员的贪污腐败，对党和国家处置贪污腐败、解决社会发展难题充满信心。对社会中各式各样的诱惑和思想侵蚀保持清醒的认识，同时正面、乐观地引导和影响身边的人。

马克思认为人类社会发展的最高阶段是共产主义社会，人的全面发展是共产主义社会的基本特征之一。但马克思认为，进入共产主义社会不是人类社会的结束，而是生活在其中的人们的自由自在的生活以及个体真正占有自己本质的开始。共产主义社会是人类走向自由全面发展所必需的社会状态，是"建立在个人全面发展和他们共同的社会生产能力成为他们的社会财富这一基础上的自由个性"①的社会。只有超越资本主义，进入共产主义社会，每个人才能够获得自由而全面的发展。但是，实现共产主义绝不是一蹴而就的，它的实现是一个缓慢渐进的过程。在共产主义社会里，人们不再受到民族、地域、分工等因素的限制，每个人都能够完全地占有和控制自己的发展时间和社会关系。马克思在《共产党宣言》中写道："代替那存在着阶级和阶级对立的资产阶级旧社会的，将是这样一个联合体，在那里，每个人的自由发展是一切人的自由发展的条件。"②

因此，在共产主义社会里，人们不再受到因需要而产生的身体奴

---

① 马克思. 政治经济学批判（1857—1858 年草稿）[M]. 北京：人民出版社，1979：58.

② 马克思. 政治经济学批判（1857—1858 年草稿）[M]. 北京：人民出版社，1979：58.

役和个性压抑，而能实现个人充分的自由和幸福。人在实现共产主义的历史过程中，不断丰富、完善、解放自己，人的自由全面发展与共产主义的实现过程同步。因此，人的全面发展过程也是人们彻底摆脱资本主义社会中人畸形、片面发展的过程，使人得到和谐、自由和充分的发展。

五、创新大学生思想政治教育的对策

实现人的全面发展是一个循序渐进的历史过程，这就要求高校在开展思想政治教育的过程中，总结已有的经验，结合新形势、新情况，对思想政治教育工作进行创新，不断挖掘大学生各方面的潜力，促进其全面发展。

1. 在培养目标中融入人的全面发展

理念是行动的先导，思想政治教育作为一种教育实践活动，需要以符合时代发展的先进的教育理念作为指导。要推进大学生思想政治教育的创新，首先要确立以人为本和全面发展的教育理念，将促进大学生的全面发展作为思想政治教育工作的出发点和落脚点。

（1）树立以人为本的培养理念。

树立以人为本的教育理念既是教育的核心价值所在，又是落实科学发展观的生动体现。科学发展观强调以人为本，将人的全面发展作为发展的根本目标和最终目的。在高校思想政治教育中坚持以人为本，即将学生作为思想政治教育的核心，充分关注学生的现实需要和未来发展，一切工作以学生为中心，把学生的需要摆在重要位置，并不断开发和挖掘学生的潜能。思想政治教育要将以人为本的理念融入教育过程的各个环节，即要求其教学内容贴近学生的实际、教学方法易于被学生接受、评价机制能够有效反映学生的接受情况。

（2）坚持全面发展的培养理念。

江泽民提出："我们建设有中国特色社会主义的各项事业，我们进行的一切工作，既要着眼于人民现实的物质文化生活需要，同时又要着眼于促进人民素质的提高，也就是要努力促进人的全面发展。"①现代教育以人为核心，将人的全面发展作为宗旨，以促进人完整、全面、协调发展为己任，增强学生认识和改造自身与世界的能力，从而造就全面发展的人。在大学生思想政治教育工作中始终坚持人的全面发展的教育理念，就要在教学过程中关注大学生各方面能力的发展，促进其素质的全面提高，帮助他们准确地认识和处理自身同他人、社会以及自然之间的关系，不断提高生存和发展的能力，最终促进其协调与完善地发展，使其适应时代发展的需求。

2. 在教育方法上促进人的全面发展

思想政治教育方法就是教育者为了实现教育目标、传递教育内容而对受教育者采取的思想方法和工作方法。思想政治教育的方法很多，时代的进步使得原有的思想政治教育方法已经不能满足社会发展的需求，现代思想政治教育的方法需要在原有的教育方法的基础之上与时俱进，以适应时代的快速发展。

（1）增加课堂互动，激发学生的参与热情。

课堂是思维碰撞和知识传授的平台，是联系教师和学生的重要桥梁。思想政治教育的课程多以理论为主，在课堂教学过程中，仍然以传授理论知识为本，存在着教学方法单一、只是一味灌输的问题。这种教师讲、学生听的教学方式，抑制了学生的参与热情，容易使思想政治教育的课堂气氛变得沉闷。久而久之，学生便对思想政治理论课失去兴趣。因此，要创新大学生思想政治教育，就要突破传统课堂教学单项灌输的教学模式，把学生作为主体，注重教师与学生之间的互动，激发学生的参与热情。在教学方法的选择上，应改变以往一味灌输的教育方法，变单向灌输为双向互动，从以教师和教材为中心向以学生和情景为中心发展，增加课堂讨论和学生自由发言提问环节，活跃课堂气氛，激发学生主动思考和积极参与，促进学生个性的自由发展。

---

① 江泽民.在庆祝中国共产党成立八十周年大会上的讲话[M].北京：
人民出版社，2001：43.

（2）组织实践活动，促进学生的知行转化。

实践教学是思想政治教育的第二课堂。高校思想政治教育要把理论教学和实践教学结合起来，通过有目的、有计划地开展丰富多彩的实践活动，把理论教学成果转化为学生的实际行动。首先，高校思想政治教育要增强其社会实践活动的目的性和计划性，使社会实践活动的开展有目的、有计划、有评估、有反馈，使大学生在实践过程中磨炼意志、拓展能力，使他们的实践能力、认识能力、组织能力与活动能力在社会实践过程中得到提高。其次，高校思想政治教育要借助多元化的社会考察形式、多样化的活动场所和活动平台，将当地有效的教育资源与院校的办学特色相结合，让学生亲身体会社会进步给人们生活带来的变化，增加其社会责任感。再次，要组织学生参加多种社会调查和志愿服务等活动，帮助学生在实践中更好地认识社会和自身，提高其综合实践能力。最后，在实践活动中要善于及时启迪大学生的心灵，帮助其积累实践中的点滴感悟，使他们的认知、情感、意志等心理因素能够协调发展，促进其个性和人格的完善，在实践中顺利地实现从自然人向社会人的过渡，实现个性的充分而自由的发展。

（3）利用现代媒体，适应学生的发展需求。

新科技特别是互联网的发明和使用，改变了人们传统的思维观念和交往方式，给高校思想政治教育带来了时代性的挑战与机遇。网络作为一种新兴媒体，是当代大学生日常生活中接触最多并且最易接受的传播媒介，是其了解社会的重要途径，网络中的内容对大学生的思想存在着潜移默化的影响。因此，高校应借助网络平台的优势，对大学生开展思想政治教育，通过互联网来宣传社会主旋律，积极主动地开辟出一条与学生进行互动的新渠道。高校思想政治教育应结合时事热点，在大学生聚集的社交网站上以主题鲜明、语言轻松活泼、符合大学生心理、容易被大学生接受的方式，传播有新意、有时代气息、经得起实践检验的正能量，激发学生的主动性和参与性，使其自发地参与到各类主题、热点的讨论中来，培养学生独立思考、分析、判断、解决问题的能力，引导大学生形成积极、理性的思维方式。

（4）通过自我教育，提高学生的自我管理意识。

自我教育是指"在思想政治工作要求的影响和启发下，思想政治工作对象发挥自主因素进行自我认知、自我调控和自我发展的思想和行为的教育活动"。著名教育家苏霍姆林斯基指出："只有促进自我教育的教育才是真正的教育。"因此，实现大学生的全面发展不仅要依靠教育者的引导，而且离不开大学生的自我教育，只有两者相互促进，才能达到思想政治教育的最佳效果。自我教育充分体现了教育的民主思想，符合快速发展的时代的要求。通过自我教育，大学生不断地对自身进行反思和评估，来培养了自我管理意识，提高其处理自身和周围一切关系的能力，成为适应社会和时代发展的德才兼备的人才，成为合格的社会主义接班人。

3. 在教育内容中体现人的全面发展

思想政治教育的内容是指教育者在教育理念的指导下，为了缩小社会发展的需要与受教育者思想实际之间的差距，而设计出的一整套思想意识、价值观念和道德规范。这些内容的各部分之间关系紧密，相互联系、相互渗透。结合当前实际，高校思想政治教育的内容应从以下几方面来帮助大学生实现自身的全面发展：

（1）体现教育内容的层次性。

我国高校思想政治教育的根本任务是为社会主义事业培养一批又一批有正确的价值观和坚定的马克思主义信仰的、高素质的合格建设者和接班人。邓小平在提出培育"四有"新人的教育目标时，特别强调有理想、有纪律，就是这个道理。因此，只有坚持思想政治教育内容中政治教育的主导性、思想教育和道德教育的基础性，才能为大学生的全面发展提供正确的思想导向，为实现中国梦凝聚力量。

高校思想政治教育的内容既相互独立又相互关联，因此，在对大学生进行思想政治教育的过程中，要牢牢把握各个层次之间的内在规律，坚定其马克思主义信仰，弘扬民族精神与时代精神，使他们对中国特色社会主义道路充满信心。在思想教育中，不断地启迪学生的心智，引导学生树立正确的理想信念，形成正确的世界观、人生观、价值观；在道德教育中，以社会主义核心价值体系为导向，使他们养成内省、自律的品格，不断提高大学生的思想道德素质；在法纪教育中，培养大学生的法律意识，使他们树立社会主义民主法制观念，知法守法，形成良好的判断能力和自制能力；在心理教育中，不断疏导和激励大学生，关注大学生的心理体验，使他们的认知、情感、意志等心理要素能够均衡地发展。

（2）突出教育内容的时代性。

在大学生思想政治教育过程中，突出其教育内容的时代性，既有利于思想政治教育自身保持生命力，又有利于其快速适应新时期大学生的发展。一方面，只有在坚持原有思想政治教育内容的基础上，不断赋予其鲜明的时代特征，把握时代脉搏，才能使思想政治教育永葆生机和活力；另一方面，思想政治教育只有积极回应时代、社会、人生的难点问题，使其富有时代感和针对性，才能切实解决大学生的疑惑，为社会的进步和大学生的发展提供正确的价值导向和动力支持。

（3）增强教育内容的实效性。

思想政治教育的内容要具有亲和力才，能帮助大学生解决实际困惑。一方面，高校思想政治教育的内容要适应大学生的身心发展，贴近实际生活，符合大学生的心理发展阶段。要增加高校思想政治教育内容的亲和力，就必须把抽象的原理同大学生的具体生活密切联系起来，使其在现实生活中找到具体可行的标准和参照体系。另一方面，应改变以往相对单调的语言表达形式，采用生动活泼的语言，以使高校思想政治教育的内容更具亲和力和感染力。这是因为，思想政治教育的内容是通过语言间接展现出来的，只有使用生动活泼、通俗易懂、易于被大学生接受的语言，才能拉近思想政治教育内容与大学生实际生活之间的距离，使其更好地帮助大学生解决生活中的困惑、激励他们成长。

4. 在评价机制中重视人的全面发展

一门课程的教学效果如何，通常是通过课程的考核结果来进行评估的。思想政治教育评估既是思想政治教育过程的一个基本环节，又是思想政治教育信息反馈的基本方式之一。应将思想政治教育的目标作为评价依据，设立合理的测评指标，运用科学的测评方法，对高校思想政治教育工作的过程和所取得的效果进行评价。要将人的全面发展思想融入高校思想政治教育的评价机制中，就应当改进传统的以考试为中心的考核方法，而将"人"作为评价机制的出发点和落脚点。这就要求高校思想政治教育的评价机制不仅要重视对学生的考察，而且不能忽视对教师的考察。思想政治教育是一项动态性的育人过程，因此，在对思想政治教育进行评价时，既需要对思想政治教育的结果做出评价，又要对思想政治教育的过程进行评价。

（1）评价目标的明确化。

高校思想政治教育评价目标的明确化，主要是指高校思想政治教育的评价机制要明确其评价的目标。高校思想政治教育的根本任务是培养社会主义现代化的合格建设者和接班人，因此高校思想政治教育应将促进人的全面发展作为其评价目标，根据院校自身的特点，建立符合其自身情况的评价机制；以学生为中心，以促进其个性、能力、素质和社会关系的发展为目标，不断开发其各项潜能，调动其参与的积极性，使学生更加主动地参与到培养过程中来。高校只有明确其思想政治教育评价机制的目标，才能对以往的教学过程和教学效果做出科学合理的判断，不断调整和优化评价机制中不利于促进学生全面发展的内容。

（2）评价要素的全面化。

高校思想政治教育进行全面化评价主要包括四个方面：一是对思想政治教育中的人的全面化评价。要对高校思想政治教育做出全面化的评价，首先要对思想政治教育中的人，即高校教师、辅导员、大学生做出全面的评价。二是对思想政治教育内容的全面化评价，即对大学生思想政治教育内容的各个部分进行全面化的评价。三是对思想政治教育过程的全面化评价，即对大学生在大学期间接受思想政治教育的每个阶段做出评价。四是对思想政治教育的结果进行全面化评价，即考察大学生的思想道德修养、理论知识水平，以及各方面的能力和素质是否有所提高等。

（3）评价方式的多样化。

对高校思想政治教育的过程和结果进行评价，是检验其教学效果的重要环节。具体来说，高校要以促进人的全面发展为目标，结合高校的实际情况，运用科学合理的方式，针对高校思想政治教育的过程和效果制定全面、系统、明确的评价方案。评价方式的多样化是指，一方面，高校在结合自身的培养目标的基础上，选择或侧重科学性与人文性的评价、整体性与局部性的评价，或采用定性、定量的方式进行评价，抑或两者结合的综合性评价方式。另一方面，要避免仅仅把考试作为高校思想政治教育的评价方式的单一评价方式，而应该把多个评价指标综合起来。评价方式要充分考虑到大学生的全面发展，用鲜活、多样的方式对大学生的各方面的能力的发展、关系的发展、素质的发展以及个性的发展做出科学、合理的评价，使评价结果能够客观地反映高校思想政治教育在促进大学生全面发展中的效用。

思想政治教育是促进人全面发展的重要途径，为人的全面发展提供了正确的价值导向和强大的精神动力。从人的全面发展的视域出发对大学生进行思想政治教育，是新形势下对思想政治教育的价值进行重新思考和定位的结果，对于高校思想政治教育工作的创新具有重要的理论意义和现实意义。从人的全面发展的视域出发对大学生进行思想政治教育，既是新形势下促进大学生全面发展的必然要求，又是加强我国思想政治教育工作实效性的客观需要。

第六章
"人的全面发展理论"视域下的
高校思想政治教育体系构建

要真正实现人的全面发展，必须在高校思想政治教育的实践过程中全面贯彻马克思人的全面发展理论，切实贯彻以人为本的理念，立足于实现人的全面发展的角度构建高校思想政治教育工作体系。

一、以人为本的大学生思想政治教育在现实中的缺失

当前，在大学生思想政治教育过程中，由于受到各种错误思想的影响，思想政治教育脱离了人的实际需求，没有真正地把以人为本贯彻到思想政治教育的实践过程中去，导致思想政治教育缺乏实效性。

1. 思想政治教育的内容缺乏现实性

思想政治教育的内容是思想政治教育实施过程中的一个重要因素，是教育目标在思想政治教育过程中的具体化、人才培养过程中的具体化，直接关系到思想政治教育的科学性及其目标的实现。教育者在实施思想政治教育的过程中，应当以当前社会经济发展的需要和学校对学生的教育目标为依据来确定教育内容，特别是应当把教育目标作为选择教育内容的基本依据，把受教育者当前的思想状况作为确定教育内容的重要现实因素。但思想政治教育的内容确定以后却不是一成不变的，它具有复杂性和动态性，会随社会经济的发展而不断发展变化，其内容可归纳为，"是要用中国特色社会主义理论体系教育人民，

或者说是用马克思列宁主义、毛泽东思想、邓小平理论和'三个代表'重要思想和党的路线、方针、政策武装人们的头脑。具体来说，主要包括世界观、人生观、政治观、道德观四个方面的教育"[①]。然而，当前高校思想政治教育的内容缺乏现实性，与现实社会的发展脱节，与受教育者的实际思想状况脱节，从而导致思想政治教育的内容缺乏现实性与针对性。

（1）缺乏时代性，与时代发展脱节。

在全球化进程日益加深、新媒体发展速度越来越快的形势下，社会的发展日新月异。特别是当前在全面推进小康社会建设的关键时期，中国的改革开放也进入一个深水区，即涌现出越来越多的社会热点和焦点问题，各种社会问题和社会矛盾层出不穷，特别是贫富悬殊不断加大，社会阶层日益分化。这使得大学生群体也发生重大变化，其思想政治教育背景和所处的社会环境均产生巨大变化，这些都对高校的思想政治教育提出了更高的要求：思想政治教育的内容要根据现实社会环境的变化而不断发展创新，与时俱进。

但是，在实施思想政治教育的过程中，思想政治教育的内容忽视了社会经济的发展和大学生思想状况的变化，高校思想政治教育的内容单一、滞后，与时代发展脱节，无法积极应对新媒体和社会思潮多元化给高校思想政治教育带来的冲击，也没有采取有效的措施来消除新媒体产生的负面影响。陈旧和滞后的思想政治教育内容，无法有效地回答和阐述当前大学生所关注的热点和焦点问题，无法应对当前全面建成小康社会中产生的包括社会道德问题在内的各种重大问题，无法有效地对大学生所遇到的困惑与思想问题进行引导，无法回答大学生道德教育中存在的价值冲突问题，无法教导学生获得在新媒体复杂环境下恰当处理各种利益关系并解决现实社会中各种矛盾冲突的能力与智慧，无法正确引导大学生将自身发展与社会发展有机结合。正是高校思想政治教育的内容缺乏时代性，导致思想政治教育的内容无法吸引大学生，甚至使大学生在不了解思想政治教育的真正意义的情况

---

① 张耀灿，徐志远．现代思想政治教育学科论[M]．武汉：湖北人民出版社，2003：141．

下对其内容产生抵触心理，不利于思想政治教育的良好开展。

（2）缺乏针对性，无法满足个体成长的需要。

随着新媒体技术的快速发展，当前大学生的发展受到外在环境的强烈影响，从而导致其思想政治状况呈现出多元化、复杂化和动态化的新特征。这就要求在实施思想政治教育的过程中，要根据大学生的思想政治状况，从受教育者思想状况的发展规律出发，因材施教；并根据当前社会经济发展的特点，有针对性地选择适合的教育内容，增强高校思想政治教育的针对性和时效性，立足于实现大学生自由而全面的发展。然而，传统的思想政治教育忽视了大学生的个性、社会经历和精神需求的差异，把大学生看成一个没有个体差异的整体。教育者只根据自身的兴趣和知识特点实施教育，而忽视了大学生的身心特点、思想状况、社会经历和知识结构等，不管其是否对思想政治教育的内容感兴趣，均采用统一的教育内容来开展教育。这种教育方法忽视了受教育者的实际需要，片面强调教育者的主观愿望，会导致教育内容脱离现实社会生活，脱离受教育者的思想实际，缺乏针对性与实效性，降低高校思想政治教育的科学性、有效性以及吸引力和感染力，最终也无法达到高校思想政治教育的预期效果。

2. 思想政治教育的方法简单化，过度注重单向灌输

思想政治教育方法指的是，在实施思想政治教育的过程中，教育者为了实现教育目标、传授教育内容，而对受教育者采取的思想工作方式和工作手段。选择和使用恰当的思想政治教育方法可以提高思想政治教育的针对性和感染力，有利于更好地完成教育目标及教育任务，并确保思想政治教育取得预期效果，因而具有重要的理论和现实意义。思想政治教育的方法是"由人们思想品德形成发展的规律和思想政治教育的规律决定的"[①]。由此可知，在开展思想政治教育时，只有采用符合大学生身心发展特点和思想品德发展规律、顺应思想政治教育发展过程及现代活动规律、促进大学生自由而全面发展的方法，才有助

---

① 张耀灿，陈万柏. 思想政治教育学原理[M]. 北京：高等教育出版
社，2001：173.

于收到思想政治教育的预期成果。但是，在现实社会中，由于个人知识结构、兴趣爱好等因素的制约，在实施思想政治教育的过程中，采用了一些违背人的全面自由发展、人的思想品德形成发展规律以及思想政治教育发展规律，不符合以人为本这一理念的教育方法。

（1）过分注重教育者的主导地位，忽视学生的主体地位。

思想政治教育的基本要素包括思想政治教育主体、客体、载体和环体。思想政治教育的主体是思想政治教育的承担者、发动者和实施者，是对一定的客体进行思想政治教育活动的主体。思想政治教育客体是思想政治教育的接受者和受动者，是思想政治教育主体作用的对象。[①]思想政治教育主客体之间的关系问题是当前学术界的一个重要的、备受关注的问题。学术界经过长时期的理论研究和实践探索，已达成一个共识，即思想政治教育具有很强的主体性，教育者对思想政治教育工作起着确定教育内容、教育方法、教育载体的主体性作用。要达到思想政治教育的预期效果，不仅要充分调动教育者的积极性与主动性，还应大力发挥受教育者的主体性。只有发挥教育者和受教育者的积极性，才能最终达到思想政治教育的预期目标，实现教育者与受教育者之间的平等、互动、互助和相互依存。

然而，在实施思想政治教育的具体过程中，教育者往往会忽视教育活动的双向互动过程，忽视了教育主客体的自主性与选择性，过于注重教育者的主导性地位及其权威性和掌控性，而忽视受教育者的积极性和主动性，将受教育者仅仅当作教育的接受者和受动者，把他们当作被修理改造的工具，完全泯灭了其主动性与积极性，不利于实现大学生的全面自由发展。"在思想政治教育过程中，教育者居于上位，受教育者居于下位，其地位是不平等的。这种不平等就可能导致受教育者被边缘化，乃至人学空场。受教育者如果被边缘化，思想政治教育便没有了对象，那思想政治教育又有何作为呢？思想政治教育完全成为教育者个人领域的事情。在这种不平等关系的思想政治教育中，

---

① 张耀灿，等. 现代思想政治教育学[M]. 北京：人民出版社，2006：236-237.

其效果是不会理想的。"①

（2）过分注重单向灌输，忽视双向启发式教育。

灌输理论是无产阶级政党把马克思主义理论灌输给工人阶级和劳动群众，提高其思想政治意识和无产阶级觉悟的革命学说，它是思想政治教育的重要方法之一，也是促进思想政治教育实施的基本理论依据。列宁曾指出："工人本来也不可能有社会民主主义的意识。这种意识只能从外面灌输进去。"②因此，开展思想政治教育必须使用灌输这一重要的基本理论，促使大学生用中国特色社会主义理论来武装头脑，推动大学生认真学习和践行社会主义核心价值观，着力提升大学生的思想政治素质。然而，随着时代的发展与进步，特别是现代教育理念的确立，教育者在实施思想政治教育的过程中逐渐发现，采用单一灌输的基本方法存在着不足，无法达到实际效果，因此必须采用新型启发式的教育方法。启发式教育方法是指进行思想政治教育时要尊重受教育者的主体性与主动性，通过建立和谐的师生关系，把思想政治教育内容与受教育者的兴趣爱好结合在一起，激发受教育者的积极性与主动性，鼓励受教育者主动参与到思想政治教育的整个过程中，提高受教育者的主体意识和创新性，更好地达到思想政治教育的预期目标。

传统的思想政治教育过于重视单向灌输，忽视了受教育者的主动性与积极性，把受教育者看成被动接受知识的容器。只是单一地说教和枯燥地灌输，要求学生刻板地接受教育者所传授的思想政治教育内容，疏于考虑大学生的需要和兴趣、接受能力以及听课感受。这一填鸭式教育方法简单粗暴，缺乏灵活性与针对性，忽视大学生的思想状况与接受能力，完全没有考虑大学生的爱好与兴趣，因而不能提高学生的主动参与性，从而导致思想政治教育不能取得良好的效果。"这种方法忽视受教育者的内化和外化的规律，只会造成受教育者对思想政治教育的抵触和反感，致使思想政治教育在人们心中的地位发生严重倾斜"③。

---

① 张耀灿，等.思想政治教育学前沿[M].北京：人民出版社，2006：366.
② 列宁选集[M].第Ⅰ卷.北京：人民出版社，1972：317.
③ 张耀灿，等.思想政治教育学前沿[M].北京：人民出版社，2006：367.

（3）过分注重显性教育，忽视隐性教育的作用。

一直以来，高校思想政治教育所采用的方法具有公开、直接、显性等特征，也就是在思想政治教育的过程中注重显性教育的作用。所谓显性教育，就是教育者依据一定的目的和要求，通过明确的教育内容直接对受教育者施加影响的手段和方式①，例如高校的形势政策公开课和思想政治理论课程等。隐性教育与显性教育相对应，是一种逐步受到思想政治教育工作者重视并在思想政治教育过程中发挥重要作用的教育方法。要使思想政治教育起到良好的教育效果，就必须充分挖掘隐性教育在教育实施过程中的作用。所谓隐性思想政治教育，是指"在思想政治教育过程中自觉运用隐性课程理论，注重开发利用隐性思想政治教育资源，通过比较隐蔽的形式，使受教育者在无意识间获得某种思想或经验的教育方式"②。具体而言，就是在思想政治教育的过程中，为增强思想政治教育的效果，需要运用大学的物质环境、学校的规章制度和管理理念以及大学文化等在内的隐性资源来实施教育。要增强大学生思想政治教育的针对性与实效性，就必须将显性教育与隐性教育有机结合，使两种教育方法在学生的思想政治教育中发挥最大的效用。然而，由于多种因素的制约，在具体操作中，高校思想政治理论课并没有发挥出应有的教育功能，学生对单调、呆板的灌输法感到厌烦。导致这种结果的原因就是我们在实施思想政治教育的过程中，过于重视和过多采用课堂教学和学术报告会等显性教育方式，而忽视和缺乏对高校物质环境、学校规章制度及大学文化等隐性教育资源的应用，没有实现综合育人的实际效果。显性教育资源具有突出的外在性和强制性，其目标也是明确地把教育内容与蕴含精神直接传递给学生，这种强制灌输理论的方式难以引起学生的兴趣，无法与学生自身成长成才的规律结合起来，从而也无法实现大学生思想政治教育的目标与作用。

---

① 张耀灿，等.思想政治教育学前沿[M].北京：人民出版社，2006：367.

② 林伯海，等.试析大学生缴胜思想政治教育模式[J].思想理论教育导刊，2008（3）：79.

（4）过分注重理论教育，忽视实践教育。

理论教育是实施思想政治教育的一种主要途径，是由教育者根据国家的教育方针，有目的、有计划地给受教育者传授社会主义理论，或者引导受教育者有目的、有计划地学习各种社会知识，在社会实践过程中逐步树立正确的世界观、人生观和价值观，并不断提高自身的思想觉悟和政治素养的一种教育方法。简而言之，就是在思想政治教育实施的过程中，教育者引导受教育者学习中国特色社会主义理论及思想观念意识。实践教育就是在思想政治教育实施的过程中，教育者使受教育者有目的、有计划地参加各种形式的社会实践活动，通过调动各种社会资源和力量，引导受教育者在参与社会实践活动的过程中养成优良品德和高尚素质的方法。只有在实施思想政治教育的过程中，充分发挥理论教育与实践教育的资源与功能，并把两者有机结合在一起，才能有效提高高校思想政治教育的实效性。

然而，由于受到传统思想政治教育观念的束缚，教育者在实施思想政治教育的具体实践工作中，往往会过于注重思想政治理论的灌输与宣传，只注重理论教育的价值，而忽视了实践教育的价值和作用，从而导致学生有强烈的抵触情绪。同时，在思想政治教育实施的过程中，由于受到传统教育理念的约束、经费不足的制约，教育者往往轻视实践教育在思想政治教育过程中的作用，很少通过组织学生参观访问、社会调查、生产劳动等实践教育环节实施思想政治教育。若是教育者不能切实理会实践教育的意义与价值所在，那么，即使偶尔举办一些社会实践活动，也难免带有"标签化"的倾向，或是带有急功近利的心态，以为凭借少数几次实践活动，就能够实现思想政治教育的目标。这种心态违背了人全面自由发展的规律，也不符合高校思想政治教育发展的规律，因而很难实现大学生思想政治水平的提高，亦难以达到思想政治教育的预期目标。

二、实现大学生全面发展的高校思想政治教育体系构建

要增强思想政治教育的实效性与针对性，通过思想政治教育促进

大学生全面自由的发展，就必须将高校思想政治教育体系构建与全面贯彻马克思人的全面发展理论有机结合起来，将以人为本的教育方针与全方位改进大学生思想政治教育有机结合起来。在开展思想政治教育的过程中，真正做到尊重大学生的主体性地位，使思想政治教育在人才培养中起到应有的作用。要提高思想政治教育的实效性，必须全面构建立足于实现大学生全面发展的高校思想政治教育体系。

（一）坚持立足于实现大学生全面发展来设计思想政治教育内容

思想政治教育内容是构成思想政治教育体系的重要部分，只有根据社会经济发展的需要，坚持以人为本的教育方针，以实现大学生的全面自由发展为目标来选择思想政治教育内容，才能够建立起科学合理的高校思想政治教育体系。

1. 思想政治教育目标的设定应立足于实现大学生的全面发展

传统的思想政治教育目标出现同质化的高度模式化和理想化，传统的思想政治教育目标与马克思关于人的全面发展理论之间存在一定的落差，按照同质化的模式只能够培养同质化模式的人才，违背了以人为本的理念，模糊了人的个体，也导致高校思想政治教育不能达到良好的效果。要提高大学生思想政治教育的实效性，必须坚持以人为本的教育理念，以促进大学生实现全面自由发展为立足点来拓展目标的深刻内涵，还应该根据社会发展的需要确保实现大学生社会关系的丰富发展，体现出思想政治教育的层次性和时代性。

（1）要拓展思想政治教育目标的丰富内涵。

高校实施思想政治教育的根本目标是提高大学生的思想道德素质，确保实现大学生在德、智、体等方面的全面自由发展，并将大学生的全面发展与社会经济发展的需求全面结合起来，为全面建设和谐社会培养高素质的人才。思想政治教育目标具体包括思想目标、政治目标以及道德目标。思想目标就是通过思想政治教育提高大学生的理论素养，引导大学生树立科学的世界观与人生观，使大学生学会运用马克思主义观点去分析和解决问题；政治目标是指通过思想政治教育培养大学生的政治觉悟和政治素养，提高其政治敏锐性与判断力，使大学生更加坚定社会主义信仰和为实现中华民族伟大复兴而奋斗终生的信念，拥护中国共产党的领导和中国特色社会主义制度；道德目标是指培养大学生的道德认知能力，要求大学生理解并内化社会主义核心价值观，形成一套自我道德规范以及全面建设和谐社会所需要的思想道德品质。由此可知，政治目标并不是思想政治教育的全部，它仅仅是高校对大学生进行思想政治教育的目标之一，所以各高校在开展思想政治教育时，要将思想政治教育立足于全面推进大学生的自由健康成长。

此外，在实施思想政治教育的过程中，还应树立一种新的思想政治教育价值观，即促进大学生全面自由发展，引导大学生全面健康成长。随着社会主义市场经济的快速发展，人的主体性意识也得到空前解放，人们在服务社会的同时更加重视自身合法利益的维护，因此，要树立个人价值与社会价值相统一的思想观念。高校思想政治教育不单是对大学生价值观的一种正确引导，更是促进大学生全面健康发展的一种服务，所以高校思想政治教育必须在服从全面推进和谐社会建设和实现中华民族伟大复兴需要的同时，维护大学生对自身合法利益的追求，更好地满足大学生在个人成长成才过程中的合理需要，从而促进大学生实现自由而全面的发展。

（2）思想政治教育目标要体现层次性。

邓小平曾经说过："我们在鼓励帮助每个人勤奋努力的同时，仍然不能不承认各个人在成长过程中所表现出的才能和品德的差异，并且按照这种差异给以区别对待，尽可能使每个人按不同的条件向社会主义和共产主义的总目标前进。"[①]这句话告诉我们，在确定高校思想政治教育目标时，根本目标是一致的，是由党和国家的大政方针决定的，这是确保人才培养方向的根本问题，是一个根本性、原则性的问题；但每个学生的特点各不相同，必须根据每个学生的具体情况来制定不

---

① 邓小平．邓小平文选[M]．第 2 卷．北京：人民出版社，1994：106．

同的目标，因材施教。思想政治教育只有体现出层次性，才能更好地达到预期的效果。

大学生是高校思想政治教育的目标对象，由于家庭情况、生活阅历、思想觉悟以及知识背景等方面不同，大学生的思想政治状况不同，从而导致其思想发展的需求也有所差异。因此，在制定思想政治教育的目标时，要视具体情况而定，根据每一位大学生的思想现状和实际需求，按照因材施教的教育原则，去满足不同大学生的不同要求，明确应该提倡的、必须遵守的，坚决抵制错误的，既能够适应大多数学生的要求，又能够尊重差异，引导和鼓励大学生群体共同进步。

（3）思想政治教育目标要体现时代性。

要提高思想政治教育的针对性和实效性，需要在教育内容的设置上体现时代性，也就是必须以大学生思想道德品质发展的需求为依据，并结合时代发展的现状和需要来确定思想政治教育目标。随着知识经济时代的到来，社会日新月异，社会的发展与科学技术的进步必然对人的发展提出新的要求。要培养适应社会经济发展需要的高素质人才，就需要我们在思想政治教育的实施过程中，不仅要充分考虑目前的社会状况，还要立足于社会发展的未来趋势与方向。如果秉持实用主义的原则进行思想政治教育，急功近利，鼠目寸光，仅仅立足于使用思想政治教育去处理当前亟待解决的问题，而没有将思想政治教育的实施与实现大学生的全面发展结合起来，就难以收到良好的教育效果。因而，在制定思想政治教育目标时，必须着眼于知识经济的发展趋势，根据社会发展的趋势来制定思想政治教育目标，为全面推进和谐社会建设培养高素质的人才。

同时，大学生的思想道德品质发展具有一定的规律性，在大学生成长成才的过程中，其知识结构与认识能力是个人思想道德品质养成与发展的客观基础，实质上，大学生思想道德品质的形成发展是内化与外化共同作用的结果。因此，在实施思想政治教育时，必须根据大学生思想道德品质的现实状况以及未来的发展需要来确定科学合理的教育目标。唯有使思想政治教育的内容有利于满足受教育者思想道德品质发展的需要，才能最终培养出适应未来时代发展要求的具有高尚思想道德品质的优秀人才。

2. 根据全面发展来制定大学生思想政治教育的具体内容

高校思想政治教育，一定要始终坚持马克思人的全面发展理论，将思想政治教育的根本目标立足于促进大学生的全面自由发展，以大学生的实际需求为依据来确定思想政治教育的内容。

（1）要始终以理想信念教育为核心内容。

对大学生进行思想政治教育的目的是为中国特色社会主义建设事业培养高素质的接班人。在思想政治教育内容体系中，政治教育处于首要和支配性地位，它不仅决定着思想政治教育内容体系的性质与方向，也关系着思想政治教育内容的其他方面。所以我们制定思想政治教育的具体内容，必须首先突出政治教育的主导性地位。在社会主义初级阶段的中国，思想政治教育的核心与关键是对大学生进行理想信念教育，而对大学生实施中国特色社会主义理想信念教育，最根本的就是坚持对大学生进行爱国主义、中华民族精神、中国优秀传统文化教育，围绕着如何认识实现中华民族伟大复兴的历史进程、如何认识当前全面推进和谐社会建设的曲折进程、如何认识实现伟大的中国梦对广大人民群众思想的影响、如何认识中国实现和平崛起的复杂环境等重大问题进行深入探讨，从而进一步认识实现中华民族伟大复兴的中国梦的历史必然性，坚定建设中国特色社会主义的共同理想，为早日全面建成和谐社会而努力奋斗。

在现阶段，高校思想政治教育面临一系列问题的挑战，如新媒体技术的迅速发展、知识经济时代的兴起、各种社会思潮的广泛传播，在各种社会思潮与思想文化相互激荡的条件下，如何通过思想政治教育引导大学生抵制各种不良思想的侵蚀；在社会主义市场经济不断发展的条件下，如何通过思想政治教育弘扬社会主义核心价值观，避免大学生受到各种不良思想的诱导，等等。而要想积极应对社会经济发展对大学生思想政治教育带来的挑战，就必须坚持对大学生实施以理想信念教育为核心内容的大学生思想政治教育。

（2）要不断更新大学生思想政治教育内容。

当今社会飞速发展，社会条件的发展变化必然导致大学生群体的思想政治状况产生相应的发展变化，要想增强高校思想政治教育的针对性和实效性，就必须与时俱进，不断更新思想政治教育内容，使之能够适应时代发展的要求。教育者要根据社会经济发展的需求，立足于实现大学生的全面发展，不断提炼和总结能够反映时代需求和人的发展要求的教育内容，使教育内容具有时代性、新颖性和前瞻性，能够培育适应未来社会发展需求的创新性高素质人才。政治教育的内容就是用中国特色社会主义理论的最新成果来武装大学生的头脑，当前就是要对大学生实施社会主义核心价值观教育。同时，随着全球化以及经济一体化趋势的加强，以美国为首的西方发达资本主义国家，为了实现资本主义一统天下的目标，对社会主义国家实施"和平演变"，先后抛出了"人权高于主权""国家即将消亡"的谬论，为不断干涉其他国家的主权制造舆论。为了认清西方发达资本主义国家干涉他国主权的阴谋，我们要在实施思想政治教育的过程中，不断引导学生学习马克思主义关于人权观教育的新内容。随着知识经济时代的到来和全球化趋势的日益加强，一个国家综合实力的提升在很大程度上依赖于创新性人才的培养。因此，高校实施思想政治教育要特别重视培养大学生的国际视野和创新意识，使大学生的知识结构与理论素养能够适应全球化和新媒体时代经济发展的需要。随着社会主义市场经济的快速发展，中国的改革开放已经进入深水区，因而在道德教育的过程中，必须注重公平与合理等社会主义市场经济价值观的理念教育，教育大学生正确认识和处理竞争与合作、效率与公平、自律与他律的关系；引导大学生在参与市场经济的过程中合理实现自己的价值与利益，树立正确的利益观，在追求实现个人利益的同时，不应损害其他人的合法利益；尤其要加强对大学生的社会主义核心价值观教育。总之，只有始终坚持贯彻马克思人的全面发展理论，坚持以人为本的教育方针，根据社会经济发展的时代需要，不断充实大学生思想政治教育的内容，才能够真正发挥思想政治教育在促进大学生全面自由发展中的作用。

（3）要体现针对性。

高校思想政治教育必须适应当前社会经济发展的趋势，才能够不断增强其针对性和实效性。在实施思想政治教育的过程中，必须立足于大学生的年龄、个性特征、思想状况以及身心发展规律等情况。思想政治教育的内容还要反映大学生的实际生活，适应大学生的实际思想道德状况，考虑大学生思想道德品质形成发展的客观规律。应根据大学生自身的思想状况、实际需求以及对社会经济未来发展的预测来选择确定思想政治教育的内容，从而不断提高高校思想政治教育的针对性和实效性。雷蒙德·鲍尔在他的《顽固的受传者》一文中指出，"在可以获得的大量（传播）内容中，受传者中的每个成员特别注意选择那些同他的兴趣有关，同他的立场一致，同他的信仰吻合，并且支持他的价值观念的信息"①。

要增强高校思想政治教育的针对性和实效性，必须认识和理解大学生思想状况之间存在的差异。而要想了解和掌握大学生思想实际的差异，则要求我们在进行思想政治教育的过程中，必须区分和认识不同时代、不同大学生群体之间的差异。首先，大学生所处的时代不同，他们的思想状况、利益诉求、政治诉求也必然存在明显的差异。如计划经济时代的大学生，其价值诉求和利益诉求比较单一；而现代大学生处于信息时代，网络技术的便捷性、开放性必然对其思想状况产生巨大的影响，大学生的思想诉求与政治诉求日益多元化。其次，即便处于同一时代，每个大学生也是不一样的，学习经历、社会背景、家庭经历以及性格体质的差异，导致每一个大学生的思想状况的不同。最后，同一个大学生在社会经济发展的不同时代，其政治诉求、利益诉求也是不一样的。因为大学生在思想状况方面存在差异，所以在实施思想政治教育的过程中，务必以大学生的不同思想需求和思想实际为基础和依据来制定思想政治教育的具体内容，同时还应充分考虑社会经济发展的需要，只有将大学生思想的主观差异和社会发展的客观现实相结合，制定出更加科学合理的思想政治教育内容，使思想政治教育的具体内容能够体现时代性与层次性，才能够使思想政治教育的针对性和实效性得到显著增强。

3. 创新立足于实现大学生全面发展的思想政治教育方法

要提高思想政治教育的针对性和实效性，一定要以实现大学生的

---

① 转引自张琼，马尽举. 道德接受论[M]. 北京：中国社会科学出版社，1995.

全面发展为立足点来选择和确定思想政治教育的方法，通过运用正确的思想政治教育方法来增加思想政治教育的科学性和技术含量。

（1）从单向灌输向双向交流转变，注重教育的互动性。

要提高思想政治教育的实效性，必须改变单向灌输的教育方式，调动教育者与被教育者双方的积极性，注重教育的互动性。单向灌输的教育方法是传统思想政治教育的主要方法与基本模式，主要调动了教育者的积极性，而忽视了受教育者的主动性。强制性和单向性是单向灌输教育模式的基本特征。强制性意味着突出教育者的主导性地位和受教育者的接受性地位，也意味着受教育者与教育者的不对等地位与不平等关系；单向性也意味着教育者的主导性地位，教育者按照教育目标对受教育者实施教育，既突出了教育者的积极性和主动性，也显示出受教育者的被动性和服从性。这意味着实施思想政治教育的主体是教育者，受教育者只是教育活动的接受者与被改造者；重点突出了教育者的权威性与主动性，而忽视和抑制了受教育者的主动性、主体性，更没有考虑到受教育者的兴趣爱好和个体性差异。单向灌输教育模式的强制性容易导致受教育者的逆反心理和对抗情绪，这也是导致传统思想政治教育无法收到理想效果的根本原因。因而，在开展思想政治教育的过程中，必须立足于实现大学生的全面自由发展，全面贯彻以人为本的教育方针，改变传统的单向灌输的教育模式，重视提高受教育者的积极主动性，增强教育者和受教育者的双向互动，以切实提高思想政治教育的针对性和实效性。

要在实施思想政治教育的过程中采用双向互动的教育方法，最重要的是坚持教育者与受教育者地位平等的原则，使教育者和受教育者均成为思想政治教育的主体，二者的人格、言论、机会、地位与作用都是平等的，双方都有发表意见的机会，都有倾听对方意见的权利与自由。只有尊重教育者与受教育者的平等权利，才能调动受教育的主体性与积极性，才能使教育者了解受教育者的思想状况与身心发展规律，才能提高受教育者参与思想政治教育的积极性和主动性，进而更好地达到思想政治教育的预期目标。教育者在进行思想政治教育时，只有尊重受教育者的主体性地位，才能够实现双向互动的教育方法。因而，教育者要平等地对待每一个受教育者，尊重每一个受教育者的人格与尊严，让每一个受教育者都享有公平、平等的机会，不遗忘任何一个受教育者。确立教育者与受教育者双方的平等地位，需要双方的沟通与共同努力：教育者要淡化自身在知识结构、生活阅历、社会经验等方面的优越性；受教育者要认识到自己的人格与教育者是平等的，但更要认识到自身的经验与知识结构和教育者之间的差距。其次，要调动教育者与受教育者的积极性。教育者要创造条件和机会与受教育者进行交流与对话，互相倾诉，互相倾听，通过对方的方式进行交流与沟通。在沟通和交流的过程中，必须充分发扬民主，双方可以平等地就某一问题充分地表达自己的观点和看法，通过平等地对话与探讨，不断修正原先不正确、不成熟的观点，最终形成正确、成熟的观点。在思想政治教育的过程中，只有由单向灌输转为双向互动，充分调动教育者与受教育者的积极主动性，才可以更好地提高思想政治教育的效果。最后，在实施思想政治教育的过程中，教育者也必须保持谦虚谨慎的心态以及虚心学习的习惯，要充分认识到自身并不是完美无缺的，在教育的过程中不断学习新的知识，并且正确认识受教育者的长处与不足，了解其不足，向受教育者学习。

（2）把教育与自我教育结合起来，注重教育的自我性。

要提高思想政治教育的有效性与实效性，必须引导受教育者把教育与自我教育结合起来，发挥受教育者的积极主动性。教育指的是在思想政治教育的实施过程中，教育者通过特定的方法、手段、载体，用自己的言行把特定的政治观点、思想内容和道德规范转化为受教育者自觉行动的实践活动。教育是教育者对受教育者实施思想政治教育的主要途径。而自我教育是指引导教育对象通过特定的活动、载体、手段进行自我学习、自我教育，受教育者通过自我学习接受先进的知识与思想体系，克服自身的错误意识与不良习惯，不断完善自身的品德修养与个性特征的自我修养过程。自我教育的特点是引导和启发受教育者的主动性与自觉性，充分体现大学生全面自由发展的理念，在实现全面发展的过程中将学习教育和自我教育相结合。实施思想政治教育务必着力发挥教育者的前瞻性与主动性，以及受教育者的积极性与能动性，把学习教育和自我教育有机统一到思想政治教育活动之中。

教育与自我教育是思想政治教育不同教育模式的两个方面，二者是密切联系、互相促进的关系。一方面，大学生思想政治素质的发展离不开家庭、学校和社会的熏陶与教育；另一方面，思想政治教育的成效必然会在大学生自身思想发展的过程中有所体现，大学生的思想成长过程本身就是一个矛盾发展的过程。教育和自我教育分别是促进大学生思想政治素质发展的内在因素和外在因素，在提高大学生思想政治素质方面都起到至关重要的作用。中国自古就有重视道德教育的优良传统，注重外在的社会教化对提升个人的道德品质的作用，同时也注重个人道德修养的内在功能。中国共产党多年的思想政治教育实践说明，人民群众的思想政治觉悟离不开党组织多年的培养与教育，但人民群众的自我教育、自我反省是形成良好道德品质的主要途径。

在思想政治教育实施的过程中，必须采用教育与自我教育有机结合的模式，既要强化以理论教育为主的学校教育，又要充分调动大学生的积极主动性，引导大学生不断进行自我反省与道德教育，注重从内在与外在两种路径出发，以实现思想政治教育的预期目标，提高思想政治教育的有效性。在思想政治教育的具体实践过程中，要求建立教育者与受教育者之间平等协调、相互尊重、互动交往的新型师生关系，通过双方的良性互动和积极参与，调动双方的积极性，以确保实现预期的教育目标。教育者务必采取有效的措施，启发和调动大学生的积极主动性，培养大学生对思想政治教育的参与意识和热情，让大学生在教育实践中自我反省、自我砥砺、自我教育，从而不断提高自身的道德修养与思想政治素质。

（3）把显性教育与隐性教育结合起来，注重教育的渗透性。

要提高思想政治教育的实效性与有效性，必须在思想政治教育实施的过程中，重视将显性教育与隐性教育两种教育方式结合在一起，提高思想政治教育的渗透性。显性教育是能够让受教育者明显感受到教育目标的教育方法，例如大学生思想政治教育实践中的高校思想政治理论课、就业政策指导课、报告会等，都是显性教育。它的特点是理论系统化、观点科学化，可以把教育内容直接传授给受教育者。而隐性教育则是在思想政治教育实施的过程中，教育者的教育目标、教育内容不容易被受教育者感受到。隐性教育的形式多样，广泛应用于大学生思想政治教育的各项活动中，既可以是随意性的谈话教育，也可以是有目的的设计教育环境，还可以是有目的地营造特定的文化氛围与环境。它的优点是能够产生潜移默化的教育功能，可以使受教育者在愉快的氛围中接受思想政治教育，避免受教育者产生逆反心理，不仅增强了思想政治教育对大学生的吸引力，而且拓展了大学生思想政治教育的时空范围。

现代心理学理论认为，人的原有思想、心理具有一种天然的"自身免疫力"，当新的思想理论进入到人的大脑中，与原有的思想理论体系相碰撞时，原有的思想理论体系会形成一个所谓的"保护层"，这个"保护层"会抵制和延缓外界新思想的入侵，这种外界思想对人思想的触动越大，它所受到的抵抗力也会越大。部分教育工作者在进行思想政治教育的过程中，单一、枯燥的教育方式难以调动大学生的积极主动性，大学生对单调的理论灌输比较反感，使得思想政治教育无法达到良好的预期效果。由此可知，思想政治教育一定要以实现大学生的全面发展为立足点，真正贯彻以人为本的教育方针，实现从旗帜鲜明的显性教育为主向春风化雨的显隐结合的方式转变，并积极全面地研究思想政治教育的目标与内容，注重将思想政治教育渗透到校园文化、大学精神、学校管理之中，以及实现全员育人、全方位育人的过程中，努力营造一种"使学生受到教育并避免学生感觉到有人在教育他"[①]的润物无声的意境，从而真正增强大学生思想政治教育的科学性与和谐性，真正实现思想政治教育效果最大化，为全面推进小康社会建设提供高素质的人才。

在思想政治教育实施的过程中，要真正取得实际效果，只重视显性教育是远远不够的，必须充分发挥隐性教育的功能与作用。但要正确认识隐性教育在思想政治教育实施过程中的作用，既要看到隐性教育的正向功能，又要全面认识隐性教育的局限性——隐性教育在思想政治教育内容上无法呈现出整体性、规范性、系统性的教育内容。因此，要确保思想政治教育目标的实现，必须把隐性教育与显性教育有机结合起来，在实施教育的具体活动中，充分发挥显性教育与隐性教

---

① 孙昌勇．谈大学生思想政治教育途径和方法创新[J]．教育与职业，2005（36）：70．

育的功能与长处，扬长避短，全面提高大学生思想政治教育的实效性。

（4）把理论教育与实践教育结合起来，注重教育的实践性。

要增强思想政治教育的实效性，就必须在教育的过程中，把理论教育与实践教育全面结合起来，提高思想政治教育的实践性。思想政治教育是指教育者通过一定的方法与载体，引导受教育者认识自然、认识社会、认识他人、认识自我，并在这一过程中进行理论学习和实践教育活动，不断形成正确的思想认识和理论观点，从而不断提高自身的思想政治素质。我们在实施思想政治教育的过程中，必须坚持对大学生进行理论教育，用中国特色社会主义理论武装大学生的头脑；又要坚持以大学生的实际思想状况为出发点，根据其思想道德状况，实施有针对性的符合大学生特点的思想政治教育活动。在实施思想政治教育的过程中，要坚持对大学生的社会主义核心价值观教育，并且理论联系实际，实施灵活多样、丰富多彩的社会实践教育，在社会实践活动中，引导大学生提高思想认识和政治觉悟，实现知行统一的目标，从而增强思想政治教育的实践性。

首先，要强化思想政治教育阵地的主渠道作用。加强高校思想政治理论课建设，发挥好课堂教学的主渠道作用。要依据思想政治教育的目标开展思想政治教育，按照党和国家的有关教育方针，有目的、有计划、有针对性地对大学生实施中国特色社会主义理论教育，引导大学生践行社会主义核心价值观，用先进的科学理论武装大学生的头脑；坚持用中国的优秀传统文化教育大学生，引导和帮助大学生树立正确的世界观和人生观，引导大学生在为实现伟大民族复兴的中国梦的社会实践中砥砺思想道德品质。思想政治理论课的课程要随着时代和社会经济的发展不断改革创新，党中央和国家调整的"05方案"（即《〈中共中央宣传部教育部关于进一步加强和改进高等学校思想政治理论课的意见〉实施方案"）就是思想政治教育内容不断与时俱进的例子。其次，要坚持理论与实践并重的原则。不仅要重视思想政治理论教育，更要积极开展符合大学生身心健康发展规律的社会实践教育，提高教育的实践性。这是因为，只重视理论教育，而忽视实践教育，是无法实现高校思想政治教育的有效目标的。理论来源于社会实践，又应用于社会实践，只有引导大学生参加各种社会实践，才能使大学生在社会实践中强化对理论教育的认识，让大学生亲自体会、感悟，真正接触和融入社会，才能使大学生认识到理论的科学性和价值性，才能更好地实现思想政治教育的预期目标，使大学生在社会实践中提高思想道德品质和认识能力。最后，在对大学生进行思想政治教育的过程中，无论是理论教育还是实践教育，在内容与方案的设计上都必须联系社会经济发展的实际和大学生思想道德发展的实际，要勇于贴近大学生的日常生活，敢于直面当前经济和社会发展中的现实问题、敏感问题、复杂问题。尤其是在实施社会实践教育的过程中，千万不要搞形式主义、急功近利，要真抓实干、实事求是，真正发挥出实践教育在思想政治教育过程中的重要作用，增强思想政治教育的针对性与实效性。

（5）把说理和情感结合起来，注重教育的情感性。

在思想政治教育实施的过程中，必须重视情感教育的作用。在思想政治教育的具体实践中，首先必须向学生清晰地传达思想政治教育内容。增强思想政治教育的实效性，必须依靠教育内容的理论性、科学性与真理性；只有确保理论的科学性、系统性和规范性，才能在教育的过程中，达到以理服人的目标。思想政治教育的具体实践说明，思想政治教育是以中国的优秀传统文化和中国特色社会主义理论为指导和核心的科学的、革命的理论学说。思想政治教育就是要用在全面建设小康社会的实践中的最新理论成果，用中国特色社会主义理论来武装大学生的头脑，用社会主义先进文化感染、教育学生，对大学生进行社会主义核心价值观的正面宣传教育，达到以理服人的教育目标。当前，知识经济迅速发展，全球化进程日益加深，各种社会思潮在社会上广泛传播，教育工作者一定要将思想政治教育的具体实践与当前社会发展的实际情况结合起来，摆事实、讲道理，引导学生在社会实践中学习真理、巩固真理性认识，教会学生明辨是非，自觉抵制错误思想的侵蚀，选择正确的思想理论与价值观。这不仅是在思想政治教育的过程中贯彻以人为本的教育理念，也是立足于实现人的全面发展。这是教育工作者的一项重要社会责任。在实施思想政治理论教育的过程中，期待学生掌握全部理论是不符合实际的，必须引导学生掌握理论的实质和精髓，可以举一反三、活学活用到社会实践中去，注重思想政治教育的情感性，从而增强思想政治教育理论的说服性，这既是理论的真理性所在，也是让受教育者受益终身的事情。

　　思想政治教育是做人的工作，而人是感情和理性相互交织的人。在思想政治教育过程中，受教育者不仅受到理性因素的直接影响，还受到意识、意志、情绪、情感等非理性因素的影响与制约。因此，要做好人的思想政治教育工作，就要重视情感教育在思想政治教育过程中的作用。情感教育在思想政治教育过程中起着至关重要的作用，对于思想政治教育内容的接受程度，教育目标的实现和教育效果的大小，都起着十分重要的作用。当代大学生思想活跃、精力充沛、兴趣爱好广泛、主体意识性强，因此，在实施思想政治教育的过程中，教育工作者必须对这一工作和大学生怀着真挚的爱，带着积极的情感去从事思想政治教育工作，通过运用因材施教、以理服人以及情感激励等原则和方法增强思想政治教育的教育效果，从而实现思想政治教育的教育目标。在以往的思想政治教育工作中，存在着简单粗暴的教育方式，教育工作者过多地注重理论的灌输，而缺少对于受教育者的思想感受的考虑，这种简单、粗暴的教育方式，不仅无法达到教育学生的目标，反而会伤害大学生的自尊，导致教育者与受教育者的感情对立，使得教育者失去了学生的支持与拥护。在进行思想政治教育时，只有注重和加强情感教育与人文关怀，才能有效增强思想政治教育的实效性。因此，在思想政治教育实施的过程中，要全面贯彻马克思人的全面发展理论，贯彻以人为本的教育方针，注重实施人文关怀。高校思想政治教育要确保实现大学生的全面自由发展，在思想政治教育的具体实践中，不仅要加强大学生对于理论知识的学习，更要重视对大学生进行情感激励教育，增强对学生的人文关怀。在注重对大学生实施情感教育的同时，也要考虑思想政治理论教育的科学性和严肃性，坚决不能在对学生进行严肃的思想政治教育时做"哗众取宠"的事情，以免影响思想政治教育的科学性与政治性。应根据思想政治教育的内容，把理论教育与情感教育全面结合起来，在日常生活中关心、关爱大学生，对大学生倾注真心、真情，让大学生在享受爱的关怀中也受到思想政治教育的熏陶。

（二）营造以人为本的思想政治教育环境

思想政治教育环境是确保实现思想政治教育目标的关键因素。提高思想政治教育的针对性与实效性，必须立足于实现大学生的全面发展，贯彻以人为本的教育理念，积极营造以人为本的思想政治教育环境。

1. 积极营造以人为本的教育环境

马克思认为，"人创造环境，同样，环境也创造人"[①]。环境对大学生思想政治素质的形成具有潜移默化的作用，现代人的思想政治觉悟、道德品质和社会价值观都是在社会环境与其他社会因素的共同作用下形成的。和谐有序、健康向上的思想政治教育环境对人思想道德品质的形成具有导向、激励和感染作用。因此，在实施思想政治教育的过程中，要重视发挥思想政治教育环境对实现思想政治教育目标的重要作用，以实现大学生全面自由发展为教育目标，营造以人为本的思想政治教育环境，建立以人为本的思想政治教育体系，确保实现思想政治教育的预期目标。

2. 打造和谐的校园文化环境

校园文化不仅是构成思想政治教育环境的重要部分，而且是确保思想政治教育取得成效的关键环节和重要因素。校园文化是指学校根据社会经济发展的需求，在学校各个层面设置创造、能够传承人类优秀传统文化，并为全体师生共同享受的，以能够促进社会发展进步和实施思想道德教育的客观精神及文化环境。一方面，校园文化能够体现大学文化与大学精神的实质，这种大学精神能够继承人类优秀传统文化的精神实质与文化传承创新。这种大学校园文化能够传承创新知识与科学的价值与理性，能够传承社会责任、社会美德与时代价值观。现代校园文化能够继承并创新人类优秀传统文化与现代文化，形成以现代科学精神为核心的大学精神。另一方面，校园文化是高校师生在

---

① 马克思，恩格斯. 马克思恩格斯选集[M]. 第 1 卷. 北京：人民出版社，1995：92.

学校各个层面的创新活动和创造成果表现出来的大学精神及其赖以生存发展的环境。校园的建筑设施、教学科学设施、规章制度、人文环境都应该能够体现出人类文明的进取精神与科学精神。

　　大学文化对大学生具有潜移默化的熏陶教育功能，它具有感染人的教育力量，可以让学生感受到春风化雨般的教育。对大学生实施思想政治教育，必须建设能够体现社会主义核心价值观、反映中国社会主义建设新成就的具有学校特色的校园文化，通过管理育人、制度育人、全员育人的教育模式，在全校形成良好的校风、班风和学风，从而有效增强高校思想政治教育的实效性。大学文化具有普遍性、直观性、形象性、感染性等基本特征，能够在积极向上、健康科学的文化熏陶中，让大学生在心灵上受到震撼；能够有针对性地实施思想政治教育，在健康向上的校园文化氛围的熏陶中，引导学生自我教育、自我参与、自我完善。健康向上、和谐友善的校园文化是高校思想政治教育环境的重要组成部分，有助于使学生在参与校园文化的实践活动过程中，形成有利于自身全面自由发展的兴趣爱好。校园文化具有科学性、民主性、和谐性、开放性等特点，大学生可以在思想政治教育的活动中体现自我，能够根据自己的兴趣、爱好发展自己的个性。校园文化为大学生思想政治素质的成长提供了和谐的教育环境，有助于学生提高自身的民主参与意识、科学意识、主体意识与开放意识，提高自身的社会适应能力，树立国家意识和公民意识，培养为实现中华民族伟大复兴而奋斗的责任意识和使命意识。科学健康的校园文化有助于营造良好的高校思想政治教育环境，易于形成良好的学风和校风，形成有利于思想政治教育和谐发展和大学生健康发展的良好舆论，使更多的学生感受到校园文化的熏陶，促使更多的大学生积极参与校园文化的建设。丰富多彩、积极向上的学术、科技、体育、文艺和娱乐活动，把德育和智育、美育、体育有机结合起来，寓教育于文化活动中。积极、健康、和谐的校园文化，将成为高校思想政治工作的重要环节、有效途径和有力载体。①

　　要打造和谐有序、健康向上的校园文化，必须全面贯彻以人为本

---

① 顾海良.高校思想政治教育导论[M].武汉:武汉大学出版社,2006:
221.

的教育方针，立足于实现大学生的全面健康发展，下大功夫建设优良的学风和班风。加强对于学校社团的管理和监督；根据学校的办学历史与人文精神，开发具有学校特色的校训、校歌、校徽；完善开学、毕业、宣誓等相关仪式，切实营造全员育人的文化氛围。优良的班风、学风一旦形成，能够促进大学生的自我教育与自我发展，进而实现大学生的全面自由发展。以外，还要根据学校发展的历史与文化积累，加大对校园文化建设的投入，精心设计与规划学校的建筑设施，完善学校的各项配套设施设备，重视建设和配置高标准、高水平的图书馆与实验室，增强校园物质文化的育人功能；还要大力强化校园绿化建设。整洁优雅的校园环境有利于陶冶情操、净化心灵和启示自我，引导大学生热爱学校、热爱生活。优质的校园文化是构成高校思想政治教育环境的重要部分，也是确保大学生思想政治教育实效性的重要因素。

3. 营造健康的校园舆论环境

良好健康、积极向上的校园舆论环境可以提高大学生思想政治教育的实效性，能够克制大学生思想状态发展的反复性，有利于更好地实现思想政治教育的预期目标。舆论环境是指在一定的社会空间中形成的人们关于某一观念、认识、情感和意志的舆论氛围[①]。大学生思想政治教育的具体实践与活动都和一定的舆论环境密切相关，与教育目标协调一致的舆论环境有利于实现思想政治教育的预期目标。良好的舆论环境不仅是确保高校思想政治教育效果的外在因素，也是高校思想政治教育实效性的有力保证。

建设和谐健康的校园舆论环境，首先要求高校的理论宣传坚持正确的舆论导向，不断宣传社会主义核心价值观和社会主义先进文化，避免错误的舆论对大学生价值取向的形成产生误导作用。要在全校营造有利于全面推进和谐社会建设与实现中华民族伟大复兴中国梦的舆论环境；营造有利于继续深化改革开放的舆论，有利于推进社会主义先进文化建设和实现中国传统文化复兴的舆论，有利于激励大学生为

---

① 沈国权.思想政治教育环境论[M].上海：复旦大学出版社，2002：52.

全面建成小康社会而努力奋斗的舆论，有利于大学生践行社会主义核心价值观，弘扬中华民族传统美德的舆论，有利于实现民族团结、平等互助、社会和谐、实现国家繁荣发展的舆论。其次，要加强社会主义核心价值观教育，强化理论的正面教育功能，用先进事迹鼓舞人、教育人。要充分认识大学生的思想现状以及精神需求，设计安排有关大学生全面健康发展的专栏，创作和宣传大学生喜闻乐见的优秀作品，强化有利于大学生树立社会主义核心价值观的正能量教育，通过宣传大学生身边的先进人物、事迹及思想行为来教育引导大学生，从而推动大学生思想认识、道德品质与政治素养的提高。同时，要旗帜鲜明地抵制社会上的对大学生健康成长带来消极影响的腐朽思想。最后，要正确看待新媒体技术在大学生成长中所起的作用。一方面，要充分利用新媒体技术，不断提高大学生思想政治教育的技术含量，拓展思想政治教育的时空距离；另一方面，在运用新媒体技术加强大学生思想政治教育的同时，更要加强校园网络文化建设，强化对学校网络体系的监督与管理，避免受到各种西方文化与不良社会思潮的消极影响，建设健康向上的高校思想政治教育网络舆论环境。

4. 营造良好稳定的校园周边环境

要提高思想政治教育的实效性和有效性，必须发挥家庭、社会和学校等多方面的积极性。校园周边环境是思想政治教育环境的重要组成部分，良好的校园周边环境可以有效增强高校思想政治教育的实效性。良好稳定的校园周边环境有利于大学生形成良好的生活习惯，养成积极向上的道德品质，中国传统文化中"孟母三迁"的故事就向我们展示了良好的周边环境对人良好道德品质的养成以及健康成长的积极作用。《中共中央国务院关于进一步加强和改进大学生思想政治教育的意见》也强调，要通过法律手段来强化对学校周边文化、娱乐、商业经营活动的管理，坚决打击和取缔扰乱学校正常教学、生活秩序的营利性娱乐场所，依法打击各种犯罪活动，及时处理侵害学生合法权益、身心健康的事件，及时制止和打击影响学校和谐运行、维护社会稳定的恶性事件。校园周边环境与大学生日常学习、生活紧密相关，校园周边环境是否良好和谐、健康向上，直接影响着大学生的健康成长。随着社会主义市场经济的快速发展，高等教育规模的不断扩大，以及新媒体技术的飞速发展，校园周边环境日益复杂化，因此，必须立足于实现大学生全面自由健康发展的目标，通过行政与法律等各种手段，加强校园周边环境的建设治理，严厉打击各种黑恶势力对校园周边环境的侵蚀，积极营造良好的校园周边环境，为大学生的健康成长提供良好的文化氛围。

（三）建立健全以人为本的思想政治教育管理体制

马克思曾说，"一切规模较大的直接社会劳动或共同劳动，都或多或少地需要指挥，以协调个人的活动，并执行生产总体劳动——不同于这一总体的独立器官的运动——所产生的各种一般职能。一个单独的提琴手是自己指挥自己，一个乐队就需要一个乐队指挥"①。由此可知，管理作为人类社会独有的社会现象，也是人类能够实现自身生存发展的必要条件。思想政治教育管理可以确保思想政治教育具备科学性与规范性。思想政治教育的管理者和决策机构通过计划组织、教育管理、控制评价、科学决策等手段对思想政治教育活动的实施进行管控，通过思想政治教育管理确保思想政治教育的和谐运行以及思想政治教育目标的实现。在思想政治教育的实施过程中，思想政治教育管理者凭借自身的地位、权力、知识结构和信誉对受教育者的思想和行为加以影响，使受教育者能够按照管理者的意图去参与思想政治教育实践。但受教育者在接受管理者的行为影响时不是被动的、消极的，而是用他自己的价值观念、思维方式和道德标准来分析与评价，最后决定自己的态度和行为②。因此，只有在思想政治教育管理的过程中贯彻马克思人的全面发展理论，贯彻以人为本的教育方针，启发受教育者的主体意识，强化对受教育者的尊重意识，才能增强高校思想政治教育的科学性和规范性，将服务育人的教育理念落实到思想政治教育

① 马克思，恩格斯. 马克思恩格斯全集[M]. 第 23 卷. 北京：人民出版社，1971：367.

② 陈孝彬. 教育管理学[M]. 北京：北京师范大学出版社，1999：33.

的过程之中。

1. 强化尊重意识

在思想政治教育管理过程中，要强化对受教育者的尊重，尊重受教育者的人格尊严、思想需要和服务需要。现代科学研究证明，当一个人受到他人的关怀与敬重时，会产生强烈的认同感与归属感，表现为狂热、喜悦、满足和极大的幸福感。在大学生思想政治教育的过程中，强化对大学生的尊重意识，可以增强大学生对思想政治教育内容的认同感和归属感，有效提高大学生的主体性和主动性，调动大学生主动参与到思想政治教育过程中的积极性。大学生作为思想政治教育实施的目标对象，以及思想政治教育管理过程中的重要一极，有权对思想政治教育实施的过程提出建议与参考意见，有权选择相关的教育内容和教育方法，并做出接受与拒绝的决定。虽然大学生对思想政治教育实施情况的反映不一定是正确的，但教育者必须倾听受教育者的建议与要求，只有尊重受教育者的要求，并对受教育者的要求与反映做出科学合理的解释与说服引导，才能使受教育者心悦诚服地接受思想政治教育内容，进而增强思想政治教育的实效性。所以思想政治教育管理者在实施思想政治教育时应该积极引导受教育者主动参与管理以及思想政治教育的各项具体实践活动，增强大学生自我教育、自我管理和自我约束意识，将思想政治教育管理工作由"要我做"转变为"我要做"。只有通过不断强化对受教育者的尊重意识，才能调动受教育者的积极主动性，真正增强思想政治教育管理的实效性。

2. 落实服务观念

实施思想政治教育必须严格落实服务观念，提高服务意识，真正做到服务育人、管理育人、全员育人。任何一项管理都是立足于实现大学生的全面自由发展，思想政治教育的任何一项管理与教育都是为大学生的成长、成才、学习提供服务的，也是确保大学生全面自由发展的基本条件和必要条件。思想政治教育工作者要全面贯彻以人为本的教育理念，通过人性化的管理，让大学生体会到思想政治教育提供的服务；通过增强对大学生的人文关怀，提高其进行自我教育的积极主动性，进而使高校思想政治教育的针对性与有效性得到提高。就思想政治教育的具体实践来说，思想政治教育管理者要在学习、日常生活、心理教育、社会实践、就业指导等方面为大学生提供人性化的服务，使每项教育服务措施真正落实到位，让学生感受到思想政治教育管理者的人文关怀。且还要关注大学生在日常学习过程中遇到的困难，切实从有利于学生学习进步的基础上，在课程学习、专业知识学习、创新意识等方面为学生提供人性化的指导，培养和提高大学生的参与意识和创新意识，引导和鼓励大学生通过自我教育提高自身的综合素质。在日常生活方面，切实关心学生的社会适应问题，在生活上、思想上真正关心学生，尤其是在学生管理服务过程中，切实遵循公平、公正、公开的原则，让每一个学生公平地享受到国家的资助政策；完善大学生的资助管理政策，进一步健全和完善"奖、贷、助、补、减"的大学生资助体系，切实发挥资助育人、管理育人的教育功能。在心理健康教育方面，要在进行思想政治教育的具体过程中，关注和了解大学生的心理健康状况，通过开设心理健康教育的相关课程，举办心理咨询、心理健康知识讲座等形式的活动，不断提高大学生的心理健康素质，完善大学生心理问题干预和应急机制；要加强对学生的人文关怀，及时发现并解决大学生日常生活中的情感问题，提高大学生的抗挫折能力以及心理适应能力。在社会实践活动方面，立足于实现大学生的全面健康发展，加强对学生社团与学生组织的引导和管理，建立健全有助于大学生素质拓展的核心评价体系，使大学生通过"三下乡""服务西部计划"等社会实践活动感受到中国改革开放带来的巨大成果，也让学生感受到中国各个地区发展的实际状况，提高大学生的社会责任感与使命意识。在大学生就业指导方面，根据大学生的心理需求，开设就业指导课，强化就业信息网络建设，拓展大学生的就业渠道，开展大学生创业教育，将大学生的就业指导教育贯穿于思想政治教育的每一个环节。

此外，高素质的思想政治教育工作队伍是提高高校思想政治教育实效性的根本保证。思想政治教育工作队伍的质量高低直接关系着思想政治教育运行的质量与科学性。毛泽东曾说，"政治路线确定之后，干部就是决定的因素"①。高校要坚持"高进、严管、优出"的原则，选拔思想政治觉悟高、知识面比较宽的毕业生从事大学生思想政治教育工作，提高思想政治工作队伍的门槛。要大力强化对现有的思想政治工作队伍人员的培训，通过外出学习进修、自我学习等方式，丰富思想政治工作人员的科学文化知识，使之充分理解和掌握从事大学生思想政治教育工作的业务知识和相关理论，提高其分析研究能力、写作表达能力以及组织管理能力，使之能够具备从事大学生思想政治教育的心理素质。只有高素质的思想政治工作者，才能在思想政治教育的实际过程中全面贯彻马克思人的全面发展理论，认真落实以人为本的教育理念，从而真正提高大学生思想政治教育的针对性与实效性。

社会经济的快速发展对大学生的思想政治教育环境产生了极大的冲击。大学生思想政治教育的实效性受到众多因素的影响和制约，只有综合运用多种教育方法和载体，才能确保思想政治教育的顺利实施，进而更好地实现思想政治教育的目标。同时，随着时代经济的发展，社会环境日新月异，社会上的各种消极因素必然对大学生思想的健康成长造成负面影响。人的思想的成长具有反复性，使得思想政治教育同样具有反复性。因此，要提高思想政治教育的实效性，必须采用多种教育手段和教育方法来巩固思想政治教育效果。人是社会发展的产物，人在某种程度上是特定社会关系的综合。人在社会发展的过程中会接触到各种社会思潮、多元文化，社会的复杂性必然要求思想政治教育工作者采用丰富多彩、形式多样的教育手段来实施思想政治教育。社会环境的复杂性和综合性要求教育工作者立足于实现大学生全面健康发展的目标，辩证地分析社会经济发展与时代进步对思想政治教育产生的影响，积极采用现代科学技术手段，提高思想政治教育的技术含量，选择一种或多种教育方法与教育载体，在实施的过程中综合协调，全面贯彻以人为本的教育理念，只有这样全面地、科学地实施思想政治教育，才能使高校思想政治教育全面贴近大学生、更加符合大学生的思想发展规律，真正使得高校思想政治教育的针对性与实效性得到增强，确保实现大学生的全面发展。

---

① 毛泽东. 毛泽东选集[M]. 第 2 卷. 北京：人民出版社，1991：526.